了不起的中国历史人物

长安／编著
舒春　刘向伟／绘

写给孩子的艺术巨匠

新疆青少年出版社

图书在版编目（CIP）数据

写给孩子的艺术巨匠 / 长安编著；舒春，刘向伟绘 . -- 乌鲁木齐：新疆青少年出版社，2023.11

（了不起的中国历史人物）

ISBN 978-7-5590-9962-4

Ⅰ.①写… Ⅱ.①长… ②舒… ③刘… Ⅲ.①艺术家-生平事迹-中国-古代-青少年读物 Ⅳ.①K825.7-49

中国国家版本馆CIP数据核字(2023)第202188号

了不起的中国历史人物
写给孩子的艺术巨匠
Xiegei Haizi De Yishujujiang

长安 / 编著　舒春　刘向伟 / 绘

出版人：徐　江
策　　划：许国萍　张红宇　　责任编辑：张红宇　尚志慧　　助理编辑：胡伟伟
装帧设计：舒　春　　　　　　美术编辑：邓志平
法律顾问：王冠华　18699089007

出版发行：新疆青少年出版社有限公司
地　　址：乌鲁木齐市北京北路29号（邮编：830012）
网　　址：http://www.qingshao.net
经　　销：全国新华书店
印　　制：天津博海升印刷有限公司
开　　本：710mm×1000mm　1/16
印　　张：9.75
版　　次：2023年11月第1版
印　　次：2023年11月第1次印刷
印　　数：1-5 000册
字　　数：82千字
书　　号：ISBN 978-7-5590-9962-4
定　　价：38.00元

制售盗版必究　举报查实奖励：0991-6239216　　版权保护办公室举报电话：0991-6239216
服务电话：010-58235012　010-84853493　　　　如有印刷装订质量问题 印刷厂负责调换

了不起的中国历史人物
艺术巨匠

目录

序

- 【春秋】伯 牙　002
- 【东晋】王羲之　016
- 【东晋】顾恺之　030
- 【唐朝】吴道子　042
- 【唐朝】张 旭　056
- 【唐朝】颜真卿　068
- 【唐朝】怀 素　084
- 【北宋】张择端　100
- 【明朝】唐 寅　114
- 【清朝】郑 燮　130

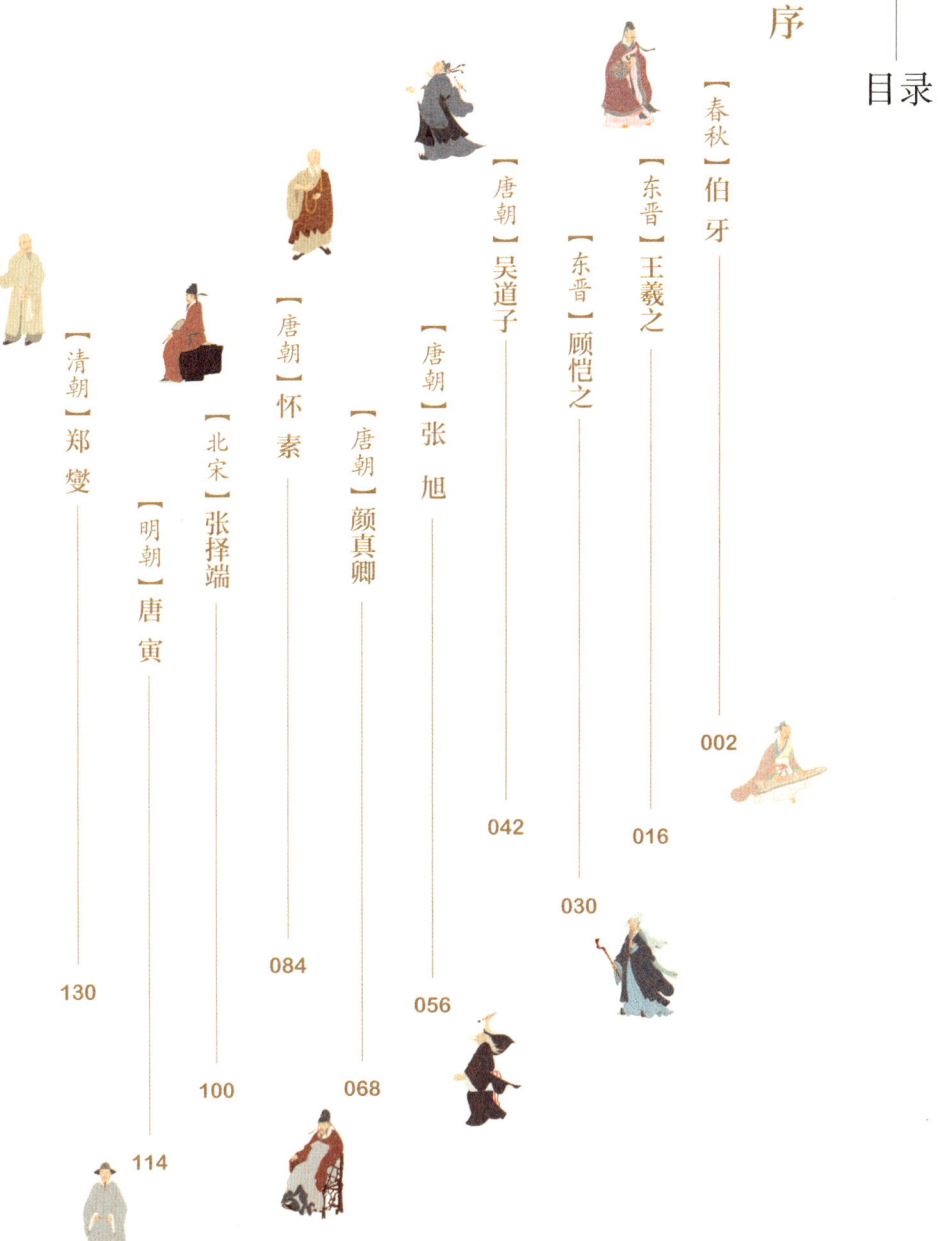

序

(马勇,中国社会科学院近代史研究所研究员)

早些天,张弘先生发来这套书稿,嘱我为之撰写序言。

这套"了不起的中国历史人物"丛书是新疆青少年出版社承担的"十四五国家重点出版物"出版项目。据出版者介绍,全套书共八册,以故事的方式介绍了在中华民族历史长河中曾作出杰出贡献的几十位历史人物,他们涉及文史哲、政经法,以及科学、艺术等诸多领域,读者对象为广大的少年儿童。翻阅书稿,自己竟然沉浸其中。流畅的文字、严谨的结构、清晰的叙事及可信的史料,构成了这套书的基本面貌和上乘品质,多幅生动的插画进一步提升了阅读感受,相信会受到少儿读者的欢迎。

如何向少年儿童讲述中国历史,一直是摆在历史学家面前的难题。过去几十年,学术界做过不少探索,成绩固然可喜,但其中的不足与教训也值得反思:

一是写作者低估阅读者的知识水平和鉴赏力,具体体现为作品立意与格调不高、文字表述不够严谨、过于口语化和网络语言化、内容缺乏史料支撑且野史当道。这种看似迎合读者的做法，其实是对读者的不尊与伤害。多年来，我不懈地建议那些立志向青少年普及中国历史知识的作者们，一定要用平等的视角尊重对待青少年读者，一定要相信新一代读者的知识储备与阅读能力，一定要在作品上下足功夫，因为我很清楚，少儿知识读物的创作，其难度大于成人读物，优秀的儿童知识读物作家，一定是能够把专业知识吃透，并能够用通俗易懂的方式进行讲解的学术大家，例如吴晗、林汉达等。所以，少儿知识读物的创作者需始终保持敬畏的心态，去了解你的读者、尊重你的读者，全心全意为他们服务，只有这样，你的作品才能赢得小读者的青睐。

二是讲述与呈现的方式方法有待提高。中国历史知识的大众化、普遍化，并不是我们这几十年才有的课题，甚至可以说是中国历史学的永恒主题。司马迁的《史记》就不必说了。宋元以来，伴随经济和城市的发展，大众化的历史读物深刻影响了中国人的历史观，这些读本流传至今，依然经久不衰。例如三国故事、隋唐故事，以及不胜枚举的话本、唱词和历史小说。这些作品潜移默化地让读者在不经意中记住了历史，记住了典故，丰富了历史知识，建构了自己的历史观，这些经验都值得新一代历史书写者去揣摩、消化、发展与创新。

"了不起的中国历史人物"的写作者正是汲取了以往此类图书创作的经验和教训,并基于自己的学识背景,结合对中国历史人物最新的史料研究成果,采用了较易贴合少儿读者接受能力和阅读兴趣的形式,把中国历史上的这些了不起的人物用深入浅出的方式一一道来。我以为这种方式和方法是正确的,值得深入研究并予以推广。

此外,我颇为赞同的是这套书的系列名——"了不起的中国历史人物",它直白地宣示了我们对中国历史的尊重。尊重先人的贡献,就是尊重我们自己的历史。中国历史学强调为尊者讳,就是告诉后人,要充满温情与敬意去看待自己祖先的功绩。只有记住了那些"了不起",才会增进我们的民族自豪感,激活内心的创造动能。历史是一个接力过程,也是一代又一代人接续奋斗的历程。重温中国历史上那些"了不起"的人物,必会增添后人追慕祖先、继续奋斗的勇气与力量。

与亲爱的读者共勉,是为序。

艺术巨匠

历史是一门常说常新的学问，历史研究是主观性极强的一门学问，除了史料，研究者的经验、阅历、知识、视野，都在制约或影响历史的复原。

伯牙

姓名／伯牙

朝代（时期）／春秋

出生地／楚国郢都（今湖北荆州）

出生时间／不详

逝世时间／不详

主要成就／春秋时期著名的琴师、作曲家，被后世尊为"琴仙"

代表作品／《高山》《流水》《水仙操》

伯牙擅长弹奏七弦琴，技艺高超，亦能作曲，因此被人尊为"琴仙"。《荀子》记有"伯牙鼓琴而六马仰秣"的故事，《吕氏春秋》记有伯牙鼓琴遇知音的故事，而《琴操》中则记载了伯牙学琴三年不成，最终在东海蓬莱山有感而作《水仙操》的故事。

生于春秋时期楚国郢都，
被后世尊为"琴仙"。

拜名师成连学艺。
蓬莱山苦练琴艺，创作《高山》《流水》。

汉阳江口以曲会友，结交知音樵夫钟子期。

来年赴约，可叹子期离世。

奏罢《高山》《流水》，断弦毁琴，再不弹琴。
知音佳话，流传千古。

自然的灵感

春秋时期，楚国有个人叫伯牙。伯牙自小热爱音律，尤其喜欢弹奏七弦琴，为此，他特意拜在著名琴师成连先生门下，跟他学习弹琴。几年过后，伯牙学有所成，熟练掌握了各种演奏技巧，颇受人们好评。

一次，伯牙练习了一首新曲子，便兴高采烈地演奏给老师听。一曲弹罢，他自觉很满意，便抬起头，等待着老

艺术巨匠

师点评夸奖。令伯牙没想到的是，老师听完他的演奏后，非但没有流露出赞赏的样子，反而皱起了眉头。

虽然伯牙技法熟练，曲音流畅，但成连总觉得伯牙只是在单纯地演奏音符。伯牙的琴声缺少来自内心的真情实感，也没有表现出他对琴曲的理解。这样的琴曲，动听是动听，却无法引起听者的共鸣。所以，伯牙还不能算是最好的演奏者。

成连将自己的想法告诉了伯牙，伯牙听后深以为然，但如何才能提高自己对琴曲的理解呢？他苦思了很久，始终不得要领，不免心生烦恼。成连很欣赏伯牙的天赋和努力，非常想把他培养成一名真正的艺术家，所以他也在思考能让伯牙对音乐理解有所突破的办法。

[春秋]伯牙 [东晋]王羲之 [东晋]顾恺之 [唐朝]吴道子 [唐朝]张旭 [唐朝]颜真卿 [唐朝]怀素 [北宋]张择端 [明朝]唐寅 [清朝]郑燮

一天，成连对伯牙说："我的琴艺是跟老师方子春学的，他是个世外高人，居住在人迹罕至的东海，他对琴曲的理解比我高明，你若是不怕辛苦，我就带你前往东海，让他给你点拨一二，你一定会受益匪浅的。"

能得到名师的指点，行路的辛苦又算得了什么呢！伯牙喜出望外，毫不犹豫地同意了成连的提议。于是，师徒二人备好了足够的干粮，乘船出发，前往东海。

在与风浪一番搏击后，他们顺利来到了东海的蓬莱山。成连让船夫将船停了下来，然后招呼伯牙，对他说："我的

了不起的中国历史人物

艺术巨匠

老师方子春就住在离这不远的一座岛上,他不轻易见人,我先去跟他说明情况,得到他同意后再来找你。这蓬莱山环境清幽,你就留在这里,一边练琴一边等我吧。"

伯牙听从老师的话,心无杂念地在山中练起琴来。几天过去,成连仍杳无音信,伯牙等得有些心焦,便在练琴之余,跑到岸边远眺。他沉浸在自我世界太久了,此时放眼望去,瞬间便被眼前的景象震撼了。大海烟波浩渺,一眼望不到尽头,目之所及,海天一色,层层波浪打上来,又消融在无边的海水里。他转过身,望向山林,满眼都是郁郁葱葱的林木,深远莫测,偶尔有清风吹过,枝叶便如同海浪一样起起伏伏,窸窣作响。

更重要的是,伯牙注意到了他之前从未注意过的自然之声——海风、海浪,林风、树声,还有不时传来的飞鸟的叫声,这些声响各有妙趣、奇特不一,与自然景色交融一体。伯牙不觉被吸走了心魂,浮想翩翩,他感到自己的心胸充溢着纯粹的喜悦,脑海里一片澄明。他的创作热情被激发出来了,心中仿佛有些旋律在自发地喷薄着。于是他架起琴,随着自己的心意,把满腔的激情自由地倾注到琴弦上,谱写了两支新的曲子。伯牙对这两支一气呵成的乐曲分外喜爱,并为它们取了好听的名字——《高山》和《流水》。

又过了几天，成连先生终于摇船而返。伯牙第一时间将自己的得意作品演奏给老师听。这一次，成连先生非常满意，他抚掌大笑，说："你领悟到琴曲演奏最重要的东西了，现在的你已经是一个名副其实的艺术家了！我们这就动身回去吧！"

伯牙十分不解，问老师："我们不是来请教方子春老师的吗？我还没有见到他呢！"

成连先生望着伯牙，笑而不语。伯牙这才恍然大悟：原来成连先生所谓的老师就是这涛声鸟语，他的本意是让自己从自身的感受出发，学会将情感灌注于指尖之上。

从此以后，伯牙终于明白了演奏乐曲的关键。他不断地感受、品味生活，激发创作灵感，终于成了名闻天下的琴师。

知音难觅

伯牙是晋国的上大夫。有一年，他奉命出使楚国，当他乘船来到汉江江口时，不巧遇上了风浪，无法行船。伯牙无奈，只好命人将船停泊在附近的一座小山下。这天正是八月十五，到了晚上，风浪渐渐平息，云也散开了，一时之间碧空如洗，朗月清辉。望着空中的这一轮明月，伯

艺术巨匠

牙琴兴大发，便拿出随身带来的琴，专心致志地弹了起来。

正当伯牙沉醉在优美的琴声中时，他猛然发现岸边一动不动地站着一个人。伯牙被吓了一跳。只听见"啪"的一声，琴弦被拨断了。伯牙顾不得察看，心中暗暗猜测：难道那人是来暗害我的吗？

这时，立在岸上的人大声地说："先生，您不要疑心，我是个打柴的。今天遇到大雨，便在附近躲雨。刚才雨停了，我正准备回家，却听到您在弹琴，这琴声曼妙动听，闻所未闻，我便多听了一会儿，倒是忘记身在何处了。"

伯牙凝目望去，只见这个人身披蓑衣，头戴斗笠，脚下放着一担木柴，看上去所言非虚。伯牙稍微放下了心，但是对他的话还有些不解，他心道：我弹奏的乐曲，一般人都听不出个所以，一个打柴的樵夫，怎么会听懂我琴声中的意思呢？于是，他问樵夫："您既然懂得琴律，那就请您说说，我刚刚弹的曲子是在描述什么呢？"

樵夫笑着回答："先生，您刚才弹的是孔子赞叹弟子颜回的曲谱，只可惜，您弹到第四句时，琴弦断了。"

樵夫的回答让伯牙大吃一惊，他说得一点不错！伯牙不禁大喜，忙将樵夫请上船，与他细细交谈。樵夫登上船后，一眼便看到了伯牙的琴。他毫不迟疑地说："这是瑶琴吧！相传是伏羲氏造的，没想到今天竟然能听到这把琴演奏的曲子，实在是大饱耳福啊！"

伯牙见他的眼力也如此厉害，心中顿生敬佩之意。他拉着樵夫坐下，和他讨论起自己刚刚弹奏的曲子。樵夫不仅对曲子了如指掌，还指出了伯牙在弹奏中的几处精妙之处。伯牙听得入了迷，对樵夫的敬佩之心又加深了几分。

他们二人越聊越投机，兴致一来，伯牙又为樵夫弹奏了两曲，请他辨识其中的深意。当琴声雄壮高亢的时候，樵夫说："这一段乐曲描绘的是高山的巍峨壮丽。"而当琴声变得清新流畅时，樵夫便笑着说："这一段琴声表现的是潺潺不息的流水。"

伯牙弹奏的正是他在蓬莱山所作的《高山》和《流水》。自从他作出这两首曲子后，前前后后也演奏了很多回，但是他还从未遇到过能听懂这两首琴曲真意的人。伯牙时常感叹，好的琴师难寻，而知音更难寻。谁知，今天他竟在这乡野之地遇到了一位真正的知音。

他万分惊喜，于是连忙正色，问起了樵夫的名字。樵夫名叫钟子期，就住在离此不远的村子里。伯牙心中畅快，拉着钟子期深谈了起来。两人兴趣相投，聊起音乐更是有说不完的话，只觉得与对方相见恨晚。

不知不觉，天色逐渐亮了。伯牙身负使命，还要继续赶往楚国，不得不与钟子期告别。但他们都觉得对方是难

【春秋】伯牙　【东晋】王羲之　【东晋】顾恺之　【唐朝】吴道子
【唐朝】张旭　【唐朝】颜真卿　【唐朝】怀素　【北宋】张择端
【明朝】唐寅　【清朝】郑燮

得遇见的知音，便乘着兴致，结拜为兄弟，并约定第二年的八月十五还要到这里相见，要像今天一样把酒论琴。

到了第二年约定的日子，伯牙如约来到了汉阳江口。他兴冲冲地等着和钟子期见面，可是他等啊等啊，怎么也不见钟子期来赴约。他越等越急，终于按捺不住，就一路打听着找到钟子期的家里。他站在钟子期的家门前，正要抬手敲门，碰巧有位老人走了过来。

伯牙连忙走上前去，对着老人行了一个礼，然后向他打听钟子期的下落。老人听完伯牙的来意，长叹了一口气，说："钟子期已经得病过世了，你来晚了一步啊！"

这话犹如晴天霹雳一般，让伯牙半天都说不出话来。老人看到他的样子，像是想起了什么，问："您就是伯牙先生吧？钟子期临终前吩咐家人，要把自己葬在江边，他还要听您再弹几曲呢。"

听了老人的话，伯牙万分悲痛。他来到钟子期的墓前，悲痛地弹起了《高山》和《流水》。这一次，高山的轰响仿佛悲鸣，流水的灵动好似呜咽。伯牙边弹边回忆着钟子期，哀叹再也找不到像他那样能听懂自己琴声真意的人了。既然如此，那自己的琴还要弹给谁听呢？

伯牙反复抚摸着心爱的瑶琴，而后长叹一声，将它在江边的青石上摔了个粉碎。此后，这个天下闻名的琴师再也不弹奏乐曲了。

伯牙和钟子期的"知音"故事感动了后人,人们为了纪念他们,便在他们相遇的地方,筑起了一座古琴台。直至今天,人们依然会用"知音"来形容彼此知心的朋友。

【春秋】伯牙 【东晋】王羲之 【东晋】顾恺之 【唐朝】吴道子
【唐朝】张旭 【唐朝】颜真卿 【唐朝】怀素 【北宋】张择端
【明朝】唐寅 【清朝】郑燮

知识链接

七弦琴

七弦琴即古琴，又称瑶琴、玉琴、七弦琴，是中国传统拨弦乐器的一种，距今已有数千年的历史。

我们常用"琴棋书画，样样精通"来评价一个人的文化素养，"琴"位列文人四艺之首，是中国古代文化地位最崇高的一种乐器，也是古代文人必修的一门技艺。圣人孔子就十分推崇古琴，他不仅能弹唱《诗经》，还曾向师襄子学琴，留下了"孔子学琴"的佳话。

有史记载的最早的职业琴师名叫钟仪，是春秋时期楚国人。春秋时期，楚、郑两国交战，楚国战败，郑国将钟仪俘虏，并献给了晋国。晋景公见钟仪是个有仁、有信、无私、尊君的人，于是将他送回楚国，并表达了与楚国交好的意愿。此后楚、晋两国重归于好，钟仪也被后世尊为"四德公"。杨炯还曾在《和刘长史答十九兄》中写道："钟仪琴未奏，苏武节犹新。受禄宁辞死，扬名不顾身。"将钟仪与苏武相提并论，表达了自己对钟仪不顾个人安危，怀念故国的爱国情操的赞颂。

四大名琴

齐桓公的"号钟"、楚庄王的"绕梁"、司马相如的"绿绮"、蔡邕的"焦尾"

中国古琴十大名曲

《潇湘水云》《广陵散》《高山流水》《渔樵问答》《平沙落雁》《阳春白雪》《胡笳十八拍》《阳关三叠》《梅花三弄》《醉渔唱晚》

/名作展示

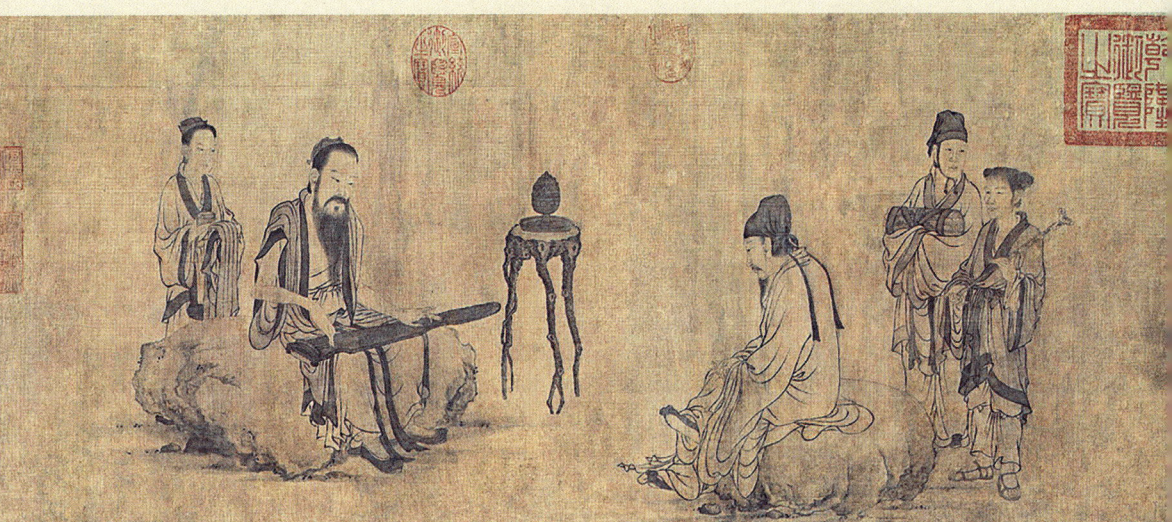

《伯牙鼓琴图》 元·王振鹏

《伯牙鼓琴图》是元代宫廷画家王振鹏创作的一幅绢本人物画作品，现藏于北京故宫博物院。

画家王振鹏擅长人物画和宫廷界画，画风细密严谨，人物塑造生动传神。这幅《伯牙鼓琴图》取自名士伯牙过汉阳在舟内鼓琴时路遇知音钟子期的故事。画面以塑造人物为主，采用了白描与渲染皴擦相结合的技法，简洁而富于变化。画中的人物神态各异，精准地呈现出人物的内心活动。伯牙鼓琴的专注，钟子期听琴的投入，都被刻画得惟妙惟肖。正因此画在人物心理活动的描绘上达到了颇高的境界，所以被后世推举为元代人物画的代表作品。

姓名／王羲之

朝代（时期）／东晋

出生地／琅琊临沂（今山东临沂）

出生时间／约公元 321 年

逝世时间／公元 379 年

主要成就／吸收前人的书法精髓，被誉为"书圣"

代表作品／《兰亭集序》

王羲之，字逸少，东晋时期著名书法家，历任秘书郎、江州刺史、右军将军等职，人称"王右军"。王羲之擅长隶、草、楷、行等各体书法，风格平和自然，笔势委婉含蓄，既将各家所长熔于一炉，又自成一家，影响深远，因此被誉为"书圣"。

生于东晋名门琅琊王氏，自幼醉心书法。

师从书法家卫铄，勤奋练习，刻苦自律。

研究名家作品，揣摩运笔之道，
风格自成一家。

勤政为民，享誉一方，
称病弃官，终身不仕。

种树植桑，教子有方，
与其子王献之并称书法"二王"。

醉心书法

王羲之出生于东晋著名的门阀士族琅琊王氏，家族中很多人都非常有才学，是当时闻名的才子大家。王羲之的父亲王旷和叔父王廙（yì）对书法有很深的研究，王廙更是有书画"江左第一"的美誉。

在家庭氛围的影响下，王羲之从小就对书法产生了浓厚的兴趣。他从七岁开始就拜当时著名的女书法家卫铄（卫夫人）为师，专心学习书法，平时也将心思都扑在书法的练习上。

王羲之聪慧勤奋，卫夫人对他喜爱有加，不但将自己的心得倾囊相授，还经常给他讲一些古代书法家的故事，鼓励他习字要认真刻苦，不可荒废懈怠。

王羲之每天都认真练习书法，但他总感觉自己进步不大。时间一久，不免有些气馁。一天，他苦恼地问卫夫人："老师，我什么时候才能真正把字写好呢？"

卫夫人知道王羲之有些心急，于是耐心地给他讲了一个故事：

艺术巨匠

东汉时,有个小孩名叫张芝,他对书法很是痴迷。为了练出一笔好字,张芝日夜勤奋地练习。张芝的家门口有一个池塘,他每次练字都要到池塘边清洗笔砚。久而久之,整个池塘的水竟被墨汁染成黑色,变成了"墨池"。功夫不负有心人,张芝的字越写越好,成了远近闻名的草书大家,被人们尊称为"草圣"。

听完这个故事,王羲之对张芝钦佩不已,能把池塘染成墨池需要多大的恒心啊!他不由得感到一丝羞愧:自己的努力远远不够呢!从此以后,王羲之更加刻苦了,他每天坚持练习,从没有一天中断。

北宋的文学家曾巩非常欣赏王羲之刻苦自律的态度,还曾专门写了一篇《墨池记》来记述和赞扬他。

除了勤奋之外,王羲之还很会动脑筋,他经常研习书法名家的作品,以博采众长。他的父亲王旷收藏了很多与书法有关的书籍,王羲之就把这些书找来,津津有味地品读,甚至到了废寝忘食的地步。

在这些书中,有一本专讲运笔的书,叫作《笔论》。王旷尤为钟爱这本书,平日一有空就翻阅。一天,王羲之在父亲的书房里发现了这本书,只翻看了一页就被里面的内容吸引住了,书里讲的握笔方式、运笔的技巧等都让他大感新奇。他一边读,一边用手比画了起来,越看越入迷。

了不起的中国历史人物

艺术巨匠

天色逐渐暗了下来，可王羲之仍不舍得放下这本书。他知道这本书是父亲的最爱，但还是决定先睹为快，心想大不了就是被父亲发现挨一顿罚。于是他悄悄地把《笔论》拿出了书房，带在身边，不分昼夜地潜心研读。

过了几天，王旷要考考王羲之的功课，突然发现儿子这些天正在读自己珍爱的那本《笔论》。他十分惊奇，便问王羲之："这本书内容晦涩，道理深奥，你小小年纪，能看得懂吗？"

王羲之见父亲查问起来，解释说："我能看懂！这书中所说的运笔之法，我此前从未听说过，揣摩下来更感觉学到了不少东西，对我练字有很大的帮助呢！"

王旷听了儿子的话，感到非常欣慰，但又有些担心儿子过于急功近利，便对他说："孩子，你现在还太小，这书里的不少方法还不适合你练习，等你长大些再看吧，现在读未必有好处。"

听父亲这样一说，王羲之顿时有些着急。他拉住父亲的手，恳切地说："父亲，这些习字的方法，我现在不读，等到长大再学就晚了啊！"

王旷见儿子如此认真向学，心中倍感欣喜。最终他还是将《笔论》交给了王羲之，并鼓励他继续在书法上多下功夫。

名扬天下

　　王羲之没有辜负父亲的期望，他更加用心地钻研书法，除了向老师卫铄学习，还仔细研究了张芝、钟繇（yáo）等人的字帖，吸取了这些名家书法的优点。成年之后，王羲之辗转了许多地方，每到一处就遍访当地前人留下的碑文题字，遇到写得好的就临摹下来，一有空闲就仔细研究，一边琢磨一边用手比画。经过不断地练习与创新，王羲之终于形成了自己与众不同的书法风格。

　　一次，王羲之在一块木板上写了几个字，负责拓字的工匠惊奇地发现这几个字的墨迹竟深深地透进了木头里。工匠好奇心起，便沿着字迹一层一层削了下去，发现墨迹透入木板足有三分深。大家惊叹于王羲之的笔力，也为他多年来所下的苦功而感慨。后来，人们常用"入木三分"来形容一个人的书法刚劲有力。

　　王羲之的名气越来越大，向他求字的人也越来越多。一时间，大家都以能得到王羲之的书法为骄傲，他的字在市场上的价格也越来越高。王羲之对这种现象不以为意，他性格自由不羁，兴致来时肆意挥洒、随手赠人都是常事。

　　一次，王羲之在街上遇到一位叫卖竹扇的老奶奶，他发现老奶奶吆喝了很久也没人买。王羲之心下不忍，便走

艺术巨匠

上前去，拿起一把扇子端详了一番，这扇子虽然做工精巧细致，但上面却没有任何字画修饰，的确不算特别。他微微思索了一下，转头对老奶奶说："老人家，我有个法子能帮您把这些扇子卖出去，您愿意试试吗？"

老奶奶看了看王羲之，见他衣着华贵，气度不凡，谈吐也非常有礼貌，便点了点头。王羲之对她说："您帮我借一副笔砚吧。"

老奶奶借来了笔砚，王羲之接过来便开始在扇面上挥墨题字。老奶奶一看可着了急，干干净净的扇子被你写上黑乎乎的字还怎么卖啊！她气愤地对王羲之说："你这不是毁我东西吗！"

王羲之笑了笑，对老奶奶说："老人家不要急，我给扇面题好字，您卖扇子的时候，只需要说这是王羲之写的，保证大家抢着要。"

老奶奶不大相信，但扇子上已经写上了字，她也没有别的办法，只好照王羲之说的叫卖了起来。路过的人们听说扇子上有王羲之的题字，纷纷凑上前来，他们发现扇子上的题字果真是王羲之的手笔，都争着要买。扇子很快就卖光了，价格还比原来翻了几倍。老奶奶又惊又喜，刚想向王羲之道谢，才发现他早就不见踪影了。

王羲之曾在会稽担任内史，负责掌管当地的民政。会

〔春秋〕伯牙 〔东晋〕王羲之 〔东晋〕顾恺之 〔唐朝〕吴道子 〔唐朝〕张旭 〔唐朝〕颜真卿 〔唐朝〕怀素 〔北宋〕张择端 〔明朝〕唐寅 〔清朝〕郑燮

了不起的中国历史人物

艺术巨匠

稽是个自然灾害频发的地区，百姓常年受灾，生活非常艰苦。王羲之看在眼里，痛在心里，他暗想："在其位，谋其政。我身为一方父母官，怎么能眼见百姓食不果腹、流离失所！我一定要为百姓做几件实事。"他向朝廷递交了奏本，言明会稽受灾严重，百姓深受其苦，请求朝廷准许开粮仓赈济灾民，并减免当地的赋税徭役。与此同时，王羲之还从外省筹措购买了一些粮食，解了百姓的燃眉之急。

在王羲之的悉心治理下，会稽一带的社会秩序渐渐稳定下来，但是他"不合时宜"的做法也得罪了不少人。当时的扬州刺史王述是王羲之的上司，他跋扈专横，对王羲之的这些举措很是不满，经常找机会训斥他。王羲之为人清高，不屑于跟这样的人为伍，便向朝廷上疏，称自己患病，身体不佳，辞去了官职。自此，王羲之下定决心再不出仕。他在会稽山阴（今浙江绍兴）定居下来，整日与书本为伴，专心研究书法，造诣日渐精深。

王羲之的书法对中国书法的影响非常大，尤其是他的楷书和行书，被后世尊为楷模，代表作《兰亭集序》更被誉为"天下第一行书"。唐太宗李世民对王羲之极为推崇，引发了唐人大规模学习和借鉴王羲之书法的风潮，王羲之在书法史上的重要地位就这样被确立下来。后来，人们以"书圣"来称呼王羲之，以示对他书法成就的至高褒扬。

〔春秋〕伯牙　〔东晋〕王羲之　〔东晋〕顾恺之　〔唐朝〕吴道子　〔唐朝〕张旭　〔唐朝〕颜真卿　〔唐朝〕怀素　〔北宋〕张择端　〔明朝〕唐寅　〔清朝〕郑燮

教子有方

王羲之的书法源自家学。为人父后，他对自己的儿子也悉心指导。在他的四个儿子中，年龄最小的王献之天分最高，学习也最用心，练习起来与王羲之儿时那废寝忘食的劲头有些神似。王羲之非常欣喜，对他也多有称赞。

一次，王羲之打算考一考王献之。他来到书房，见王献之在临帖，专心致志练习的王献之没有发觉父亲的到来。王羲之见儿子如此专注，于是放慢脚步，轻轻地走到儿子背后，突然伸手拔了一下儿子手中的笔。王献之吓了一跳，可笔还是被他牢牢地握在手里。他转过身，发现竟然是父亲在"捣乱"，不禁有些疑惑。王羲之看着儿子诧异的表情，哈哈大笑起来，说："你小小年纪，腕力倒是不小，好好练习，以后你的字会写得很了不起的！"

王献之这才明白了父亲的用意，心里美滋滋的，从此练习起来倍加用心。过了几年，王献之的字已经写得有模有样了，家中来往的亲朋好友也都夸奖他的作品有父亲的神韵。王献之听了压抑不住内心的喜悦，便把自己的几幅得意之作拿去给父亲品评，想听听他的意见。王羲之看过之后，拿起笔来在王献之写好的"大"字下面加了一点，变成了一个"太"字，但他并没有向王献之解释这么做的理

艺术巨匠

由，只说让他自己领悟。

王献之一头雾水，翻来覆去都想不明白，便带上这幅字去请教母亲。王献之的母亲出身书香世家，对书法鉴赏很有造诣。她仔细看了看儿子拿来的这幅字，笑着指了指"太"字上的一点对王献之说："依我看，在你这一幅字里，只有这一点算是有你父亲的功力。"

王献之恍然大悟，原来自己略微的得意和自满都被父亲看在眼里，其实自己还差得远呢！从此，他再也不敢懈怠，沉下心来勤学苦练。在夜以继日的努力之下，王献之终于成了卓有成就的书法家。他革新旧法，自成一派，与父亲并称"二王"，在中国书法艺术史上占有极其重要的地位。

〖春秋〗伯牙 〖东晋〗王羲之 〖东晋〗顾恺之 〖唐朝〗吴道子 〖唐朝〗张旭 〖唐朝〗颜真卿 〖唐朝〗怀素 〖北宋〗张择端 〖明朝〗唐寅 〖清朝〗郑燮

知识链接

张 芝

字伯英，敦煌郡渊泉县（今甘肃瓜州）人，东汉书法家。张芝一生潜心书法，擅长章草，在继承章草特点的基础上作了创新，形成了富有独创性的今草，因此被誉为"草书之祖""草圣"。代表作品有《八月贴》《笔心论》等。

钟 繇

字元常，豫州颍川郡长社县（今河南长葛）人，汉末三国时期曹魏重臣，书法家。钟繇擅长篆、隶、行、草等多种书体，在书法方面颇有造诣，他推动了楷书的发展，对后世书法影响深远，被尊为"楷书鼻祖"。与"书圣"王羲之并称"钟王"。代表作品有《贺捷表》《力命表》等。

卫 铄

字茂漪，河东安邑（今山西夏县）人，晋代著名女书法家，是钟繇的徒弟，尤其擅长楷书，世称"卫夫人"，后来成了"书圣"王羲之的书法老师。代表作品有《笔阵图》《名姬帖》等。

王献之

字子敬，小字官奴，琅玡临沂（今山东临沂）人，东晋书法家。从小跟着父亲王羲之学习书法，以行书及草书闻名，楷书和隶书功底也很深，在书法史上与王羲之并称"二王"，又与张芝、钟繇、王羲之并称"书中四贤"。代表作品有《鸭头丸帖》《中秋帖》等。

/作品欣赏

《兰亭集序》 东晋·王羲之

　　《兰亭集序》是中国晋代书法家王羲之在浙江绍兴兰渚山下以文会友时所作，也称《兰亭序》《临河序》《禊帖》《三月三日兰亭诗序》。

　　晋永和九年（公元353年）三月初三，时任会稽内史的王羲之与友人谢安、孙绰等四十一人在会稽山阴的兰亭雅集，酒酣耳热，众才子纷纷赋诗助兴。之后王羲之将这些诗赋编辑成集，并撰写了一篇序言，以记述当时的情景，抒发内心的感慨，这就是著名的《兰亭集序》。

　　《兰亭集序》全文28行、324字，用笔以中锋为主，间有侧锋。可谓字字精妙，有如神人相助而成，被历代书法界奉为极品。宋代书法大家米芾称其为"天下行书第一"。

顾恺之

姓名 / 顾恺之

朝代（时期）/ 东晋

出生地 / 晋陵无锡（今江苏无锡）

出生时间 / 约公元 345 年

逝世时间 / 约公元 409 年

主要成就 / 他的绘画理论对中国绘画艺术产生了深远的影响

代表作品 /《女史箴图》《洛神赋图》

顾恺之，字长康，小字虎头，擅长诗赋、书法和绘画，是中国早期最具代表性的画家、绘画理论家。他提出的"迁想妙得""以形写神"等观点是中国早期重要的绘画理论，为中国传统绘画的发展奠定了基础。

壹 生于晋陵无锡，自幼聪慧，少有才名。

贰 作《筝赋》，言之有物，不卑不亢，志存高远。

叁 拜著名画家卫协为师，画工进步神速。

肆 仅凭父亲的描述，画出早已去世的母亲。

伍 画龙点睛，募资百万，传神妙笔，名扬画坛。

志向高远

顾恺之出生在一个殷实的家庭，他自幼聪慧，读书习字都比同龄的孩子优秀。顾恺之的父亲对此深感欣慰，每当家中来了客人，便会让顾恺之往来交际。顾恺之沉稳机灵，往往应对得当，写诗作文也毫不含糊，总会得到客人们的称赞，久而久之，顾家公子聪慧的名声就传扬了出去。

一次，顾恺之的父亲在家中宴请宾客，其中一位客人带了一架筝。这乐器一亮相就让满座宾朋眼前一亮：琴身上绘着华美的花纹，琴架平坦结实，随手拨弄一下琴弦，就会发出清脆悦耳的声音，大家都对这架筝赞不绝口。在一片夸赞声中，突然有人想起了顾恺之素有才名，便提议由他来为这架珍贵的筝写一篇文章。

顾恺之听到大家的提议，爽快地答应下来。他略微思索了一下，便提笔写了起来。不一会儿，一篇《筝赋》就完成了。这篇文章写得极为出色，辞藻华美，言之有物，莫说是一个孩子,就是很多闻名的才子都未必比得上。

一位宾客评价说:"这篇《筝赋》,简直可以媲美嵇康的《琴赋》啊!"

嵇康是东晋的大才子,诗文非常出名,客人将顾恺之与他并提,是极高的赞扬。谁知,顾恺之听后却微笑着说:"为什么一定要将我与嵇康相比较呢?嵇康才名远播,若是不知道我的人,听了这样的话必然会不问情由地看不起我。而若是喜欢我的人,会认真欣赏我的文章,也不会将它和别人的作品相提并论。"

客人们听了顾恺之的话感叹不已,认为他小小年纪就如此不卑不亢,志向高远,以后一定会很有出息。

点睛之笔

顾恺之十分痴迷绘画,有卓然的绘画天分,父亲便让他拜了当时的著名画家卫协为师,专心学习绘画。顾恺之不负所望,二十岁时就已经颇显绘画功力。

东晋兴宁二年(公元364年),建康(今南京)郊区要修建一座寺庙,结果在掘地基的时候发现了一口古瓦棺,所以寺庙便取名为瓦棺寺。

开山法师慧力奏请建寺后,就带领僧众四方化缘、募

捐。但建寺不是小事儿，需要的也不是小钱，募捐来的钱完全不够用，慧力法师有些发愁。

一天，化缘的僧人遇见一个年轻人，那年轻人当场认捐一百万两。僧人们都以为他是在开玩笑，年轻人却坚持说："给我在寺里留一面白壁即可，到时候我自然能筹齐一百万两。"

接下来的一个多月里，年轻人哪儿也没去，就待在寺庙里，对着墙壁构思菩萨像。等到画像画好后，寺里的僧人都吃了一惊，那年轻人画的是当时较为罕见但权贵们都比较喜欢的维摩诘菩萨像，简直惟妙惟肖，只是有一点异样——这菩萨没有眼珠！

这正是年轻人刻意安排的，因为他要把最后的点睛之笔留在寺庙开寺的头一天进行。他让慧力法师放出消息：点睛之日前来观看的人，需要捐资十万两。

可即便如此，点睛那天，还是有很多人前来，挤在这座名不见经传的庙宇前，想亲眼看这个年轻人为维摩诘菩萨像点睛。恢宏的佛像前，只见年轻人提笔蘸墨，手起笔落间，仿若佛光普照，光彩耀目，人群中刹那鸦雀无声，都被这个年轻人的画技所折服。

点睛结束后，僧人算了下，居然真的募捐到一百万两，而且只多不少。这个年轻人便是顾恺之，他仅凭一幅画就

艺术巨匠

解了寺庙之难,也让其年少成名,在画坛上崭露头角。

传神妙笔

随着顾恺之绘画技艺的提升,他的名气越来越大,上门向他求画的人也渐渐多了起来。人们不仅赞赏顾恺之的作品,还对他作画的方法很有兴趣。顾恺之的绘画理论和方法自成一派,他下笔的着眼点往往看似平常,但总能达到出人意料的效果。所以,他每次动笔作画时,都有人想

来观摩。

　　一次，一位名叫裴楷的人专程找上门来，想请顾恺之为他画一幅肖像。顾恺之让裴楷坐在自己对面，仔细端详了他好一会儿。当顾恺之将他的面容、身材等特点都了然于心后，才终于开始动笔。他先勾勒出裴楷的整体线条，然后再将裴楷的五官一一画上去，一会儿工夫，一幅画像就大致完成了。围观的人走上前去仔细欣赏，纷纷称赞顾恺之画得逼真。奇怪的是，顾恺之听到人们的称赞，并没有显得很开心，而是继续举着画笔端详着这幅画，好半天都没有说话。

　　人们看到顾恺之如此的反应，知道他还不满意，便都安静下来，等着看他接下来还要怎么改进。只见顾恺之皱了皱眉，对着画像沉吟了一会儿，然后又抬头看了看裴楷，突然露出一丝笑意。他迅速提起笔来，毫不迟疑地在画像的脸上添了三笔，然后便长出了一口气，满意地将笔放下，退开了。

　　人们好奇地围了上去，定睛一看，发现顾恺之在人物画像的脸上加上了三根毛。这三笔虽然画得夸张，却活灵活现地展现出了裴楷平日里的神气，让人看到这幅画就知道画中人一定不同寻常。

　　"这可真是传神妙笔啊！"人们发出了由衷的赞叹，都

对顾恺之竖起了大拇指,佩服不已。

顾恺之与众不同的作画理念就是重视人物的性格。他认为,画人物肖像形似固然重要,但神似更为重要,画作要能表现出人物的性格和精神状态才是佳作。在他的作品中,往往一看就能知道人物是喜是忧,传神而灵动。

后来,顾恺之将自己的绘画心得写入《魏晋胜流画赞》《论画》《画云台山记》等文章,这也是中国最早的和绘画有关的理论文献。他在这些文章中阐述了自己独到的绘画理论,以及对绘画技法独特的见解,这对后世画家产生了极大的影响。直到今天,画家们还在不断学习并吸收他绘画理论中的精髓。

顾恺之画母

顾恺之出生后没多久,他的母亲就去世了。年幼时的顾恺之见其他小朋友都有母亲,可自己没有,总是很伤心。他没有见过母亲的模样,便缠着父亲,让他给自己描述母亲的样子,然后自己去想象母亲的样子。

稍微长大一些后,顾恺之开始学习绘画。他把画母当作自己第一个要完成的目标,时不时地就向父亲询问有关母亲的细节。父亲见他如此执着,便不厌其烦地向他描述

了不起的中国历史人物

艺术巨匠

母亲的模样。

凭借着父亲的描述，顾恺之一次又一次地给母亲画像。每次画好之后，他都要将画像拿到父亲面前，问父亲自己画得像不像。

起初，他画得完全不沾边。父亲每次看到都会摇摇头说："差得太远了。"但顾恺之丝毫没有表现出气馁的样子。父亲说不像，他就让父亲再描述一遍，还指着画像的每个部位追问改动的方向。然后下次再将做了改动的画像拿给父亲品评。

渐渐地，父亲发现顾恺之画的竟然真有些他母亲的影子了。他有些惊异，便开始更细致地指点顾恺之，告诉他哪里略有差异，哪里还需要修改。顾恺之仔细地听着，画笔不辍，按照父亲提出的建议一一改进。

终于有一天，当顾恺之再次把画像拿到父亲面前时，父亲的神情突然变得愉悦起来，拍着大腿说："像，像极了！"

顾恺之在父亲的啧啧称赞声中放下了画笔，他终于实现了自己从小就怀有的愿望——为只能在心中怀念的母亲留下一个鲜活而生动的形象。

/知识链接

筝

筝又称古筝、汉筝、秦筝,是一种古老的拨弦乐器。因音域宽广,音色优美动听,演奏技巧丰富,表现力强,故被称为"众乐之王",也称"东方钢琴"。

古筝的起源众说纷纭,至今仍无定论,但有两种比较有趣的说法:

1. 分瑟为筝

唐代赵璘在《因话录》中写道:"筝,秦乐也,乃琴之流。古瑟五十弦,自黄帝令素女鼓瑟,帝悲不止,破之,自后瑟至二十五弦。秦人鼓瑟,兄弟争之,又破为二。筝之名自此始。"就是说筝是脱胎于古瑟的,因为有兄弟相争的故事,于是取其谐音为"筝"。

2. 兵器改良

古筝原本是战国时期的一种兵器,后来有人在上面加上琴弦,拨动时居然能发出悦耳的声音,于是发展成乐器,并有了"筝横为乐,立地成兵"的说法。不过,随着时间的推移,兵器越来越轻便,体积庞大的古筝也逐渐失去了兵器的作用,成了一种纯粹的乐器。

/作品欣赏

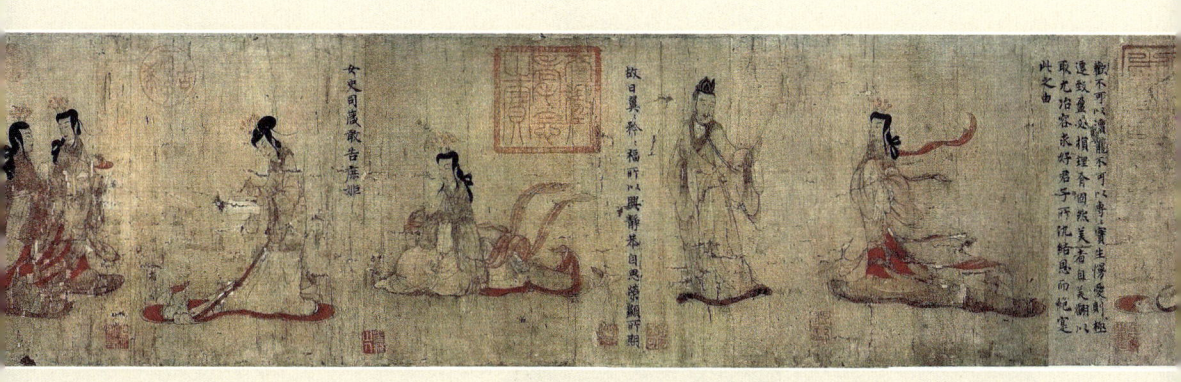

《女史箴图》(局部) 东晋·顾恺之

　　《女史箴图》是东晋画家顾恺之根据西晋名臣张华的《女史箴》创作的一幅绢本绘画作品，全卷长348.2厘米，高24.8厘米，原作已佚，现存有唐代摹本，原有十二段，现存仅剩九段，藏于英国大英博物馆（1900年，八国联军侵入北京，被英军掠去），另存有宋代摹本，藏于北京故宫博物院。

　　《女史箴图》蕴涵了妇女应当遵守的道德信条，带有一定的说教性质，但其对上层妇女梳妆装扮等日常生活的描绘，真实而生动地再现了贵族妇女的娇柔、矜持，成功地塑造了不同身份的宫廷妇女形象，一定程度上反映了作者所处时代的妇女生活情景。

吴道子

姓名／吴道子

朝代（时期）／唐朝

出生地／阳翟（今河南禹州）

出生时间／约公元680年

逝世时间／公元759年

主要成就／擅长壁画，被后世尊为"画圣"

代表作品／《天王送子图》

吴道子，又名道玄，唐代著名画家。年少时家境贫寒，但他刻苦好学，年纪轻轻就掌握了绘画的妙法，有了些名气。曾流落洛阳，从事壁画创作，后奉诏入宫，专为唐玄宗作画。吴道子擅长描绘人物、山水、鸟兽、草木、楼阁等，而且精于壁画创作，被尊为"画圣"。

壹 少时家境贫寒，随书法大家学习书法。

贰 改攻绘画，未及弱冠，已"穷丹青之妙"。

叁 持之以恒，熟能生巧，画工日益灵动传神。

肆 被召入宫，奉旨作画，千里嘉陵，一日而成。

伍 还原玄宗梦境，绘出钟馗形象，分毫不差。

熟能生巧，持之以恒

吴道子大约生于唐高宗时期，少年时随书法大家张旭、贺知章等学习书法，后转攻绘画。由于他刻苦好学，十五六岁时就已经参悟出绘画的妙法，声名远播。

在吴道子学画的过程中，有件事给了他很大的启发和动力。那时，他的兴趣刚刚从书法转移到绘画，他对绘画充满热情，但由于不得要领，画出来的作品总和自己的想象相去甚远。时间一长，吴道子就有些灰心丧气了。

一天，吴道子盯着一张自己刚刚完成的画看了很久，总觉得哪里画得不好，但又不知如何改进。他越看越烦躁，索性把笔一扔，打算出门逛逛，平复一下心情。

他漫无目的地四处闲逛，不知不觉来到了一座寺庙门前。寺庙香火很旺，人流如织。久而久之，门前逐渐形成了一个十分热闹的市场。各种各样的商贩在这里摆摊叫卖，吴道子边走边看，倒也渐渐淡忘了自己的烦心事。

艺术巨匠

随着人流走了一会儿，吴道子发现前面有一家摊位前围满了人，人群中还不时爆发出欢呼声。原来，摊主是婆媳二人，她们边烙饼边叫卖。吴道子有些惊讶，自言自语道："这烙饼摊满街都是，有什么好看的呢？"

他怀着好奇也挤进人群，顺着人们的目光看过去。只一眼，他就明白了这摊位热闹的原因。原来，这婆媳二人做饼的方式与众不同。老婆婆每擀完一张面饼，就用擀面杖把面饼挑起来，然后随手一扬，面饼就被平平地铺进了年轻媳妇面前的饼铛里。年轻媳妇守着饼铛，掌握火候，等到面饼烙好，便用一根细细的签子将烙饼挑送到摊位的案子上。奇妙的是，每次烙饼都分毫不差地落在同一个地方，不一会儿就整整齐齐地叠成了一摞。她们二人配合默契，烙饼在空中飞舞，竟没有丝毫失误，仿佛变魔术一般，引得大家纷纷喝彩。

吴道子看得津津有味，他按捺不住好奇心，便凑到老婆婆身边，问："老人家，您这甩饼的功夫实在是太厉害了！这是怎么练出来的呀？"

老婆婆刚刚擀完一铛饼，正揉着面准备下一铛。她转头看了看这个问话的年轻人，笑着说："哪是什么功夫啊，还不就是天天干这些活嘛，干多了手上自然有了准头！"

吴道子听后恍然大悟。他想到自己刚刚甩下画笔时烦

了不起的中国历史人物

躁不安的样子，心中顿感羞愧。他嘀咕着："说得对啊，练习最重要的不就是持之以恒吗！我学画画才多长时间，动不动就不耐烦，怎么能有进步呢！"

想通了这一层道理，吴道子再也不因为绘画不得要领感到沮丧了，而是变得更加勤奋，每天把心思都扑在画画上，身边的一切事物都成了他描绘的对象。功夫不负有心人，吴道子的画艺日益精进，无论是山水，还是人物，他都能画得灵动传神。

千里嘉陵，一日而成

成年后，吴道子做了一段时间的县尉，但他还是向往专心作画的日子，于是他辞去官职，开始到处游历。他走到哪儿便画到哪儿。渐渐地，他名声大噪，每次作画都有很多人赶来观摩学习。后来，他的名声甚至传到了皇帝的耳朵里。

唐玄宗李隆基对艺术很感兴趣，他专门招揽了一些书画家，封给他们官职，让他们在宫中专职创作。他听说吴道子的名声后，便把他招募进宫。吴道子果然不负所望，他画的几幅作品，都很受李隆基的赞赏。

一次，李隆基听臣子们说起嘉陵江两岸雄奇秀美的风

景，不由得有些神往。可身为帝王，李隆基是不能轻易离开京城私自出游的，但是他又抑制不住自己的好奇心。突然，他脑海中闪过一个想法：宫中有这么多出色的画师，让他们去嘉陵江边看一看，再将那里的美景画下来不就行了吗？

李隆基再三挑选，决定让吴道子去完成这项任务。吴道子接到皇帝的旨意，欣然前往嘉陵江。等他到达目的地后，放眼一望，不禁发出赞叹：嘉陵江的风光果然名不虚传啊！

吴道子在嘉陵江边住了下来。他终日登船游览，细细品味着江水两岸的奇伟景色，却没有动笔画过一点一线。随从见吴道子迟迟不动笔，有些着急地问："大人，您是奉皇上的旨意来的，可已经过了这么久，怎么还不见您动笔呢？要画出这嘉陵江两岸的景色，可不是一朝一夕可以完成的啊！"

吴道子只笑了笑，并没有回答他的问题。

几个月后，吴道子回到长安，向皇帝复命，随从知道吴道子没有完成画作，都有些惴惴不安。李隆基听说吴道子回来，非常兴奋，立刻召见了他。李隆基满以为会见到气势恢宏的嘉陵江景图，谁知，吴道子竟然两手空空地进入大殿。看到他这样怠慢，李隆基不免有些生气。他严厉

艺术巨匠

地对吴道子说:"朕不是让你画下嘉陵江的景色吗?你去了这么久,都没有一幅作品可以交给朕吗?"

面对盛怒的天子,吴道子丝毫没有畏惧,他胸有成竹地对李隆基说:"陛下不要着急,嘉陵江三百里风光,都牢牢地印在臣的脑海里了,只需一天时间便能画出来。"

听了吴道子的话,李隆基多少有些怀疑。要知道,嘉陵江有三百里,两岸的风光更是十步一景,处处不同,光是对着景色描摹都要花不少工夫,何况是吴道子所说的背默!但是他又很了解吴道子的画艺,知道他画工了得,当世很少有人能与他相比。既然吴道子如此有把握,那就让他试一试吧!

李隆基让吴道子来到大同殿殿内,命令他就在宫殿的墙壁上画出嘉陵江的风景。吴道子二话没说,马上就动笔画了起来。

一天之后,李隆基带着臣子们来到大同殿殿外。虽然吴道子承诺可以在一日之内完成画作,可大家都有些怀疑他是否真的可以做到。当时,有一位很有名的画家叫李思训,他也曾画过嘉陵江畔的景色,但他整整用了几个月的时间才完成。一天和几个月的差距实在是太大了。所以,随李隆基同去的不少人中,其实都是抱着看热闹的心理,想看看吴道子如何自圆其说。

谁知，随着殿门打开，一幅气势恢宏的嘉陵江畔图景呈现在所有人的眼前。这幅作品犹如神来之笔，将嘉陵江三百里的奇幻景致展现了出来，且主次分明，灵动秀丽，既有雄浑壮阔的气势，又有重峦叠嶂的挺拔瑰丽，引人入胜。

李隆基和臣子们都大吃一惊，不由得啧啧称奇，吴道子一天之内完成的这幅作品竟然如此出色，这是怎样的深厚功力啊！李隆基一边欣赏一边感叹："吴道子真是世间少有的人才啊，太难得啦！"

还原梦境，分毫不差

自从吴道子一日之内画出嘉陵江三百里山水之后，李隆基对吴道子更加偏爱，经常将自己的想法讲给他听，让他为自己绘制一幅幅想象中的图景。吴道子也不负所望，画出的作品往往就是李隆基想象的样子。

一次，李隆基生了病，太医反复探诊，多方用药，却不见好转。李隆基每天都昏昏沉沉的。这天夜里，李隆基病得有些迷糊，半梦半醒间他仿佛来到了一个从未到过的地方。这里遮天蔽日，四周混沌一片。他试探着向前走去，不一会儿就见到一个身形伟岸的背影。李隆基壮着胆子上

艺术巨匠

前一步,恰巧那个大汉转过身来,李隆基的目光正对上大汉的脸,这人长得狰狞恐怖,煞是吓人。李隆基吓了一跳。就在他惊魂未定时,只见那大汉双手一伸,向李隆基的双肩抓来,顿时就从他身上抓出一只小鬼。李隆基被他搞得云里雾里,于是上前询问大汉。几句交谈后,他知道了大汉的来历。原来,大汉姓钟名馗,生前一直怀有祛除人间邪恶、匡扶正义的高尚志向,曾想考取武举,但因为长得丑,不被考官喜欢,没有考中。钟馗悲愤之下撞柱而亡,但他的志向没有改变,所以死后也在四处降妖捉怪,保护百姓的平安。

李隆基一觉醒来,发觉不适感减轻了许多,没过几天,病竟然全好了。他回想起梦中的场景,认定是钟馗为自己抓住了附身的小鬼,于是心存感激,决意要为钟馗画一幅像,让民间百姓知道他的功绩。李隆基找来吴道子,将自己梦中的情景一五一十地告诉了他,要求他为钟馗创作一幅作品。

吴道子听到皇帝的要求,心中有些犯难。如果是自己亲见,那他很有把握完成,但让他表现出皇帝的梦境,还要符合他的记忆,这就没那么容易了。吴道子反复琢磨,一遍又一遍回想着皇帝的描述,终于给自己定下来一个创作方向:钟馗是个面恶心善的人,面貌该是凶狠的,但气

了不起的中国历史人物

质应该是英武正直的。

在这个基础上,吴道子开始丰富细节:钟馗生前家中清贫,所以衣着就是粗布宽袍,并且多有破损;他努力考取科举,是想以此晋身,所以吴道子为他设计了大臣上朝记事用的笏(hù)板别在腰间;蓬乱的头发和略微显小的帽子则表现出钟馗不拘小节的性格。

吴道子将完成的作品面呈皇上,李隆基一看,拍手叫好:"这正是我梦中所见的情景啊,竟然画得分毫不差,爱卿你就像是进了我的梦里一样,真是神乎其神,不愧是画圣!"

从此,钟馗的形象就保留了下来。

知识链接

钟 馗

钟馗是中国民间传说中的赐福镇宅圣君,专司打鬼驱邪,民间常悬挂钟馗神像以辟邪除灾。

传说,钟馗生于陕西终南,豹头环眼,铁面虬髯,相貌奇异,但满腹经纶,才华出众,文武兼修,刚正不阿。唐武德年间,钟馗进京应试,高中进士首位,但因其相貌怪异,故而未被钦点为状元。钟馗抗辩无果,一怒之下,以头撞向殿柱而亡。皇帝听说后,赐钟馗红官袍,以状元之礼将其厚葬。

百年之后,唐玄宗前往骊山讲武,回来后生了一场大病,久治不愈。一天晚上,玄宗梦见一个相貌怪异的大汉,那大汉身着红袍,足蹬皂靴,伸手朝玄宗抓来,从玄宗身上揪出了一只小鬼。玄宗讶然,一问才知,那大汉竟是钟馗。

等玄宗醒后,病居然痊愈了。于是,玄宗命画圣吴道子将梦中钟馗捉鬼的情景作成一幅画,悬于宫中,以避邪镇妖。

此后,皇帝赐给大臣钟馗画像作为新年礼物成为惯例,民间也开始悬挂钟馗画像祈福镇宅,跳钟馗舞驱邪除祟,钟馗逐渐成了中国民间俗神信仰中最为人熟知的角色,一直延续至今。

/作品欣赏

《天王送子图》（局部）　唐·吴道子

《天王送子图》又名《送子天王图》《释迦降生图》，是唐代画家吴道子根据佛典《瑞应本起经》创作的一幅纸本墨笔画，长338.1厘米，高35.5厘米，现藏于日本大阪市立美术馆。

《送子天王图》按照故事情节可分三段，前段描绘送子之神及其所乘瑞兽与天王及侍从天女等，中间一段描绘如来护法神端坐石上的情形，后段则是印度净饭王的儿子出生的故事。全图以释迦降生为中心，天地诸界情状历历在目，技艺高超，想象奇特，开创了中国宗教画本土化的新时代，给日后的宗教题材绘画尤其是佛教壁画带来了深刻的影响。

张旭

姓名 / 张旭

朝代（时期）/ 唐朝

出生地 / 苏州吴县（今江苏苏州）

出生时间 / 约公元 685 年

逝世时间 / 约公元 759 年

主要成就 / 在草书方面造诣很深，被后世称为"草圣"

代表作品 /《古诗四帖》

张旭，字伯高，一字季明，唐代书法家。擅长草书，风格狂逸，恢宏大气，既继承传统，又勇于创新，使得狂草艺术在盛唐时期达到了一个高峰，是中国书法史上一位继往开来的大书法家。他与怀素并称"颠张醉素"，其草书与李白的诗歌、裴旻的剑舞并称"唐代三绝"。

壹 生于苏州吴县，自幼喜好书法。

贰 出任常熟县尉，结识忘年之交。

叁 醉时挥毫泼墨，纸上笔走龙蛇。

肆 观察挑夫争道，领悟谋篇布局之精髓。

伍 观赏公孙大娘之剑舞，揣摩刚柔并济之韵律。

忘年之交

张旭是唐朝的大书法家。他聪慧过人，自幼喜好书法，平日练习也十分勤奋，小小年纪就有了相当深的造诣。二十多岁时，张旭当上了常熟县的一名县尉，负责全县治安。百姓偶尔有官司上告，他也负责审看状纸，解决一些小案件。

一次，一位年过六旬的老人因为邻里间的纠纷来到县衙提案上告。张旭接过他的状纸，见案情简单，就立刻将问题解决了，然后在状纸上写下审理过程，发还给老人，作为结案的凭证。老人收下状纸，满心欢喜地离开了。

不想，几日之后，老人又一次拿着状纸告上堂来，依旧由张旭负责。张旭拿着老人的状纸仔细看了看，不由皱起了眉头。原来，老人这次来依旧是为了那件已经审结的纠纷，可上次的事并没有新的发展，状纸写得都与上次一般无二。

张旭心中有些生气，这不是胡搅蛮缠吗！他问老人："这件案子上次明明已经解决了，为什么还要来告呢？是对

艺术巨匠

我的处理有什么不满吗？"

老人听了张旭的话，知道他有些生气，连忙惶恐地回答："请大人恕罪。我这次不是来打官司的，上次把您批复的状纸拿回去后，我觉得您的字写得太精妙了。我欣赏了很久，想再多收藏一些，但又不好当面向您求取，这才想出了这个办法。"

张旭有些哭笑不得，他很惊讶老人竟然懂得书法。于是，他客气地对老人说："您这个理由让我感觉有些意外，您为何这样喜爱书法呢？"

老人见张旭火气已消，就将缘由和盘托出："大人不知，我虽是一介平民，但父亲曾是个教书先生。他很喜爱书法，家里也收藏了一些名家的作品。我自小看这些作品，久而久之也对书法有了兴趣，自己虽然不大会写，但字写得好不好，我还是可以看出来的。"

老人的一番话引得张旭也来了兴致。要知道，当时能读书识字的百姓本来就不多，懂得欣赏艺术的更是凤毛麟角。张旭平日总是苦恼身边没有一个可以和自己切磋书法的对象，而眼前这位貌不惊人的老人，居然是同道。

于是，张旭和老人攀谈起来。原来老人不仅懂得鉴赏书法，还对书法技艺颇有研究。张旭大感开怀，拉着老人从白天聊到黑夜，后来还经常与他一起研究书法。他向老

人借来了家中收藏的书帖和各类墨宝，仔细研读琢磨，竟然真的从中获得了不少启发。张旭尝试着将这些心得与自己原来的笔法风格融会贯通起来，经过仔细打磨，他的书法技艺又上了一个台阶。

万法自然

张旭有一个别名，叫"颠张"。原来，他总是在大醉时挥毫。说来也怪，他醉酒后写出的字，非但不是胡写乱画的"鬼画符"，反而有几分平日不常见到的狂放气势。他的作品，不但气象万千，矫若游龙，而且气势连绵，酣畅淋漓，精彩处直让人拍案叫绝。

一次，张旭醉得很厉害，手舞足蹈的，还执意要跑去大街上，家人和他的朋友们都拿他没有办法，只能随他去了。张旭在街上游走呼号了一阵，引得路人纷纷围观，他却毫不在意。

过了一阵，张旭去而复返，一句话也没说就进了书房。众人知道张旭要挥毫泼墨了，于是都跟着他进了书房。只见张旭在书桌前站定，铺开宣纸，将笔在砚台里反复蘸了蘸，微微思索了一会儿，就开始下笔了。他笔走龙蛇，不一会儿，一幅笔形变化多端、气韵自如的作品就展现在众

艺术巨匠

人眼前。

张旭越写越有兴致,一张纸写完,仍意犹未尽。他把纸笔一推,将一直戴着的帽子脱掉,竟用自己的发尾蘸上墨,对着墙继续书写起来,直到将整面墙写满才放开头发。大家往墙上看去,发现这样不循常理写出的字,竟丝毫不显凌乱,反倒博大清新,纵逸豪放,当得上一声称赞!

经过人们的渲染,张旭"颠张"的名声越传越广,还多了不少传奇色彩,但其实,张旭作品的精妙与他一直以来的书法理念有关。张旭认为,书法首先讲求的是"万法自

然",而不是规规矩矩的技法结构。自由随性和千变万化是书写的一种境界,也是他追求的目标。张旭在练习书法时,经常会观察大自然,山川河流,夏雨冬雪,花草树木,飞禽走兽,无一不在他的眼中。

从自然的变化中体会生命的各种形态,然后把这些体会在笔端表现出来,这种自由狂放的书写方式无论是在当时,还是在后世都很被推崇,许多文学作品中都有对其赞美褒扬的笔触。唐代大诗人杜甫还曾写过"张旭三杯草圣传,脱帽露顶王公前,挥毫落纸如云烟"这样的句子呢。

挑夫争道

除了字形,张旭对作品的布局也值得称道。

起初,张旭在写草书时,常为作品的布局感到苦恼。草书的字形并不规整,不像其他的字体可以整齐地排列。草书写法自由,文字大小、笔画等经常呈现出不规则的形态。一幅完整的作品,有的地方过于密集,有些地方过于稀疏,看上去就很不美观。所以,如何安排一幅字的布局,成了作品成功与否的关键问题。为了解决这个难题,张旭着实费了一番脑筋,他尝试着写了很多幅字,但都不满意,这也一度让他感到沮丧。

艺术巨匠

一天,张旭又写了一幅字,然而还是存在布局的问题,整篇字显得左重右轻,怎么看怎么别扭。他不由得有些烦躁,于是干脆把笔一放,走出家门散心去了。

张旭漫无目的地走走停停,不知不觉来到一条很窄的巷子里。他发现对面走来几名挑夫,肩膀上都挑着担子,几个人并排前进的时候难免挨挨挤挤,互相碰撞。为了不让担子里的东西洒出来,使自己能从窄巷子里顺利通过,他们不时变换着动作。

挑夫们彼此避让的动作吸引了张旭的注意。他发现,挑夫们随时变换的动作仿佛让他们变成了一个流动的队列。人虽多,但是杂而不乱,非常有序。张旭的脑海中突然闪过一道灵光,他自言自语道:"这不就是布局谋篇的精髓所在吗?这些挑夫就好像一个个的字,虽然高矮胖瘦不同,但是彼此照应,相互避让,形成了一个队列。而字虽然大小不一,笔画有长有短,但是只要注意呼应,同样可以获得美的观感!"

张旭高兴极了,他马上跑回家,翻出那篇刚刚写完的作品,重新布局了字的大小和位置,又重写了一遍。结果正如张旭所料,整幅字看起来既和谐又美观,比之前那一篇的观感好多了!

此后,张旭再写字时都会以"挑夫争道"的概念进行布

局，这也成了他作品的一大特色。

观舞悟妙诀

在张旭生活的时代，有一位著名的舞蹈家叫公孙大娘。她不光舞跳得好，还擅长舞剑。她表演时，剑势如虹，身姿优美，往往看得人击节称赞。

这一天，张旭正在为自己的字缺少韵味和气势而发愁，此时一位朋友邀他到家中观看公孙大娘的剑舞。张旭本想拒绝，但见朋友非常热情，盛情难却，于是答应前往。

表演开始了。只见公孙大娘手持两把宝剑，来到场地中间。乍一亮相，就吸引了大家的注意。随着丝竹声起，她身姿婀娜，轻盈如燕，时而骤如闪电，身影翻飞；时而舞步舒缓，体态轻柔。一双宝剑在她手中仿佛焕发出了生命，一会儿动若游龙，一会儿缓若浮云；来如雷霆收震怒，罢如江海凝清光。

在场的观众看得如痴如醉，都被公孙大娘的舞技折服了。张旭激动地评价说："这场剑舞，刚柔并济，剑势和身姿合而为一，两者融会贯通，技艺真是高妙啊！"他不由想到自己在书法上的苦恼，似乎找到了解决的办法：书法如果可以借鉴舞蹈，学习舞蹈中起伏有致、刚柔相济的诀窍，

艺术巨匠

是不是可以让作品中的韵味和气势更上一层楼呢?

张旭显得格外兴奋。当晚回到家中,他回忆着公孙大娘的剑舞,将刚柔不同的力道和节奏运到了笔端,并在书写过程中带入了舞蹈的韵律。最后呈现出的作品果然没有让张旭失望,他的字更加有神了。从此,张旭经常会去看公孙大娘的演出,揣摩其中的节奏和韵律变化。他把心得融入自己的书法之中,时日一长,他的字终于变得气韵悠长,充满神采。

〔春秋〕伯牙
〔东晋〕王羲之
〔东晋〕顾恺之
〔唐朝〕吴道子
〔唐朝〕张旭
〔唐朝〕颜真卿
〔唐朝〕怀素
〔北宋〕张择端
〔明朝〕唐寅
〔清朝〕郑燮

知识链接

公孙大娘

公孙大娘，郾城（今河南漯河）人，开元盛世最著名的舞蹈艺术家，她在继承传统剑舞的基础上，创造了多种剑器舞，如《西河剑器》《剑器浑脱》等，风靡一时，闻名于世。

公孙大娘是一位真正的艺术家，尽管最终难逃流落江湖，落寞而终的结局，但她的剑舞与中国历史上的几位"圣"是紧密相连的。

画圣吴道子曾观赏公孙大娘舞剑，并从中悟出用笔之道，成了如有神助的绘画大师。

草圣张旭在观看了公孙大娘的剑器舞后，茅塞顿开，将刚柔不同的力道和节奏运到了笔端，成就了矫若游龙的绝世书法。

诗圣杜甫也曾见过公孙大娘舞剑，并留下一首名篇——《观公孙大娘弟子舞剑器行》，描绘公孙大娘的绝美舞姿。"昔有佳人公孙氏，一舞剑器动四方。观者如山色沮丧，天地为之久低昂。霍如羿射九日落，矫如群帝骖龙翔。来如雷霆收震怒，罢如江海凝清光……"意思是：以前有佳人公孙氏，她跳的剑器舞轰动四方。围观者人山人海，个个为之叹服，天地也为之变色。剑光耀眼好像后羿射落了九个太阳，身形矫健仿佛天神驾着游龙在天上翱翔。开始时如同收束起震动的雷霆，结束时就像平静的江海凝住了波光……"

/作品欣赏

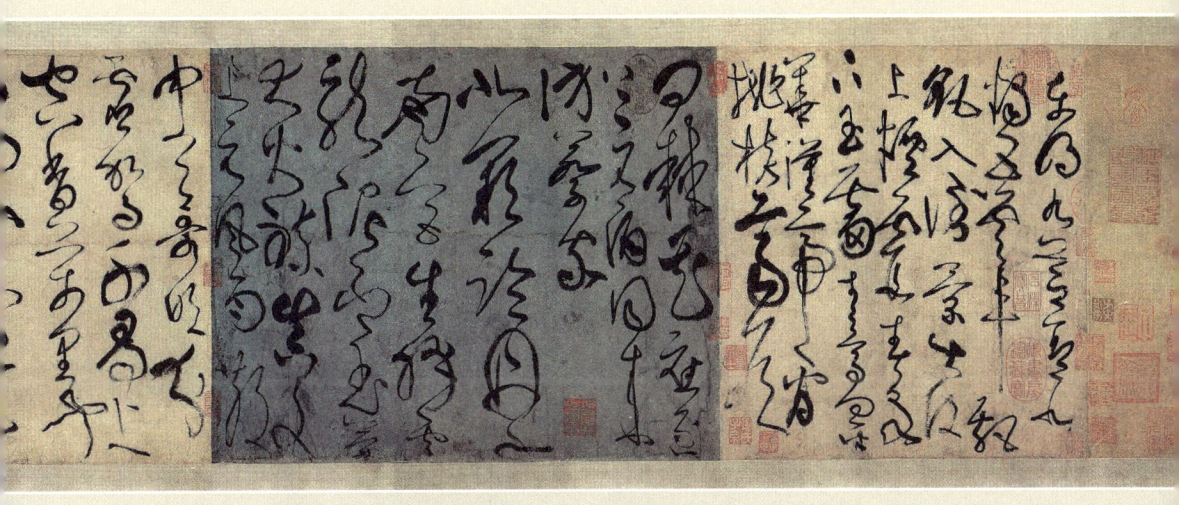

《古诗四帖》（局部） 唐·张旭

《古诗四帖》是唐代书法家张旭创作的书法作品，所录诗篇分别为南北朝庾信的《道士步虚词》其六和其八，以及南朝谢灵运的《王子晋赞》和《岩下见一老翁四五少年赞》。

《古诗四帖》属于狂草作品，此帖长192.3厘米，高28.8厘米，共40行，188字，笔法奔放不羁，运笔无往不收，字字笔画丰满，无纤弱浮滑之笔，行文跌宕起伏，动静交错，满纸如云烟缭绕，称得上草书巅峰之作，现藏于辽宁省博物馆。

颜真卿

姓名 / 颜真卿

朝代（时期）/ 唐朝

出生地 / 京兆万年（今陕西西安）

出生时间 / 约公元 709 年

逝世时间 / 约公元 784 年

主要成就 / 吸收前人的书法艺术精髓，自成一家，创造了"颜体"

代表作品 / 《多宝塔碑》《劝学诗》《颜勤礼碑》《祭侄文稿》

颜真卿，字清臣，小名羡门子，别号应方，唐代名臣、书法家，尤其擅长行书和楷书，并开创了端庄雄伟的"颜体"楷书，与赵孟頫、柳公权、欧阳询并称为"楷书四大家"，与柳公权并称"颜柳"，二人的书法风格也被形容为"颜筋柳骨"，对后世影响巨大。

壹 少时生活拮据，以黄泥在墙上练字。

贰 考中进士，入朝为官，不忘研习书法。

叁 两度辞官，师从书法家张旭，独创"颜体"。

肆 寸土不让，誓死不降，率军民抗击安史叛军。

伍 年过古稀，毅然深入敌营，劝降叛军，为国捐躯。

了不起的中国历史人物

黄泥练字

唐中宗景龙三年（公元709年），颜真卿出生于京兆府万年县敦化坊。颜真卿三岁时，父亲去世，母亲一手将他抚养长大。由于家中没有生活来源，日子过得十分拮据，无奈之下，母亲便带他南下，回到苏州自己的娘家居住。

颜真卿的外祖父是个书画家，他见颜真卿聪明伶俐，觉得他是读书的好材料，就亲自教授颜真卿读书写字。一般的小孩都好玩好动，不爱读书，颜真卿与他们不同，他年纪虽小，学习起来却很用心，每次都能按时完成外祖父给他布置的功课。他尤其喜欢书法，每天都会花上很长时间练习写字，一笔一画，从不懈怠。

颜真卿的母亲见儿子如此上进，心中十分欣慰，但同时也犯起了愁。家中不算富裕，生活还要依靠父亲帮助，又怎么能负担得起学习需要的费用呢！加之颜真卿喜爱书法，平日练习需要的笔墨纸砚，可是一笔不小的开销呢！

颜真卿非常懂事，对母亲的忧虑了然于心。于是，他

艺术巨匠

开始琢磨既能练字,又可以省钱的办法,好减轻母亲的负担。

一天,颜真卿完成当天的功课后和小伙伴们一起出门玩。此时正是梅雨季节,家附近山坡下的小山坳存了不少雨水,雨水和土石混合形成了一个黄泥塘。颜真卿和小伙伴们在泥塘边上打打闹闹,溅得身上都是泥水。他看着自己衣服上的黄泥印迹,想:这下回家又要挨母亲的数落了,还得劳烦母亲洗衣服。

就在颜真卿犯愁的时候,突然,一个念头在脑海中闪过:黄泥能在衣服上留下印迹,这和墨汁的道理是一样的,而黄泥比墨汁容易清洗。如果用黄泥在墙壁上写字,过后用清水洗刷就可以使墙面恢复原状。我若是用黄泥来练字,不就可以省下买纸张和墨汁的银子了吗?

颜真卿兴奋地跑回家中,拿出两只碗和一把刷子,他在一只碗里装满黄泥,另一只碗里装满清水,然后就在家里的墙面上试起来。不出所料,黄泥练字的效果并不比墨汁差,他写满了一面墙,然后用清水刷洗,墙面就又恢复干净了。

颜真卿开心得不得了,连忙跑去对母亲说:"母亲,我以后可以用黄泥练字,您不用再为笔墨花销操心啦!"说着,他拉着母亲来到墙边,为她演示起来。

了不起的中国历史人物

省著作
州郡
孫魯郡
君

母亲看着聪明懂事的颜真卿，欣慰地笑了。

两度辞官

从那之后，颜真卿更加发愤读书，在书法上也越来越下功夫。二十六岁那年，他参加科举考试中了进士。朝廷安排他做了专门负责撰写祭文、碑文的校书郎，后来又调他到地方做县尉，负责地方的治安，每天琐事不断。颜真卿醉心书法，而这些公务占用了他很多精力，实在有些影响他对书法的钻研。

此时，颜真卿在书法上已经很有造诣，作品也受到大家称赞，但他没有骄傲，他觉得自己的书法还有许多不足，需要继续练习。为了使书法水平更进一步，颜真卿干脆辞去官职，来到洛阳，想师从书法大家张旭学习。

张旭看着颜真卿带来的作品，满是赞美："年纪轻轻就有如此的笔力，看得出你对书法是真心热爱，也一定在这上面下了不少功夫！"

可他转念一想，像颜真卿这样的人才理应成为国家栋梁，如今只专心书法一道，是否有些浪费呢？

张旭思虑再三，对颜真卿说："你的字已经写得很不错了，只要你有恒心，勤加练习，一定可以继续进步，没有

必要一定拜我为师。你是难得的人才,应该为国家和百姓多做些事,不要辜负了自己这些年来的寒窗苦读啊!"

颜真卿见张旭如此诚恳,便听从了他的话,回到朝廷任职。但是没过多久,他发现自己的心思全在研习书法上,对做官完全没有兴趣,于是他再一次辞去官职。当他风尘仆仆地再次来到张旭家的时候,张旭知道,这个年轻人是真的热爱书法,也铁了心要追求此道的真意,于是收下了这个学生,从此悉心指点他。

颜真卿在张旭的指导下,书法水平有了长足的进步。张旭不仅将自己多年来的心得倾囊相授,还经常与颜真卿共同探讨,并教导他要多研究古代书法家的作品,吸收百家之长。颜真卿将张旭的话牢记在心,在平日的练习中一一实践并加以创新,渐渐地,他的字越写越好,还有了自己独特的风格。他的字圆润饱满,厚重朴实,刚健雄壮,被称为"颜体"。

寸土不让,誓死不降

颜真卿书法有成,重新回到长安。没过多久,朝廷就让他担任监察御史,负责监督考评官员。颜真卿在全国各地巡视,每每遇见官员行为失当都会严肃处理,他还为老

艺术巨匠

百姓办了不少好事。几年后，颜真卿被任命为平原郡太守，成了一方大员。

唐朝在重要地区设有节度使。这个职位掌握着地方的军政大权，当地的官员大都受到节制，而平原郡就在渔阳节度使安禄山的管辖之下。唐玄宗李隆基非常宠信安禄山，安禄山手中的权力越来越大，野心也逐渐膨胀。他暗地里招兵买马，打算趁唐玄宗不备，谋反叛乱，取而代之。

颜真卿身在平原郡，对安禄山的动向早有耳闻。他心知安禄山处心积虑，这一战不可避免，为了保护一城百姓的平安，应该早做准备。于是，他以平原郡经常发洪水为名，购买了很多粮食囤积在城内，还筑高了城墙。

不出所料，安禄山果真发动了叛乱。消息传来，颜真卿立即召来平原城内的将士，义愤填膺地对他们说："安禄山已经起兵造反，我们平原城离他这么近，想必不久就会攻打过来。这个贼臣狼子野心，如果不能阻止他，我们的父母妻儿也一定会跟着遭殃。将士们，为了防止这一切不幸的发生，我们一定要与反贼对抗到底，保护我们的家园！"

听了颜真卿的话，将士们心潮澎湃。他们眼含热泪，举起誓师酒，异口同声地说："我们决不退缩！"

安禄山的部队很快就打到了平原城外，面对众志成城

了不起的中国历史人物

艺术巨匠

且早有准备的守城军队,他们几次三番的攻城都没有成功。安禄山苦思几日都想不到破城之法,十分头痛。正在双方僵持不下的时候,从前方传来了洛阳已被叛军攻陷的消息。安禄山大喜,对身边的谋士段子光说:"洛阳已被我军攻陷,你去劝降颜真卿,他要是不投降,自然知道自己会是什么结局!"

段子光听令面见了颜真卿,他满以为自己这次来底气十足,颜真卿和士兵们肯定会因为洛阳的沦陷而惶惶不安。可是一走进大厅,他就知道情况与自己预想的大相径庭。只见颜真卿在厅堂正中正襟危坐,神色坚定而肃穆。他的身旁,分列着两队刀斧手,他们个个精神抖擞,手中的武器寒光闪闪。

段子光的气焰一下子就被打下了大半,他定了定神,对堂上的颜真卿说:"颜大人,你也知道,安将军起兵之后一路势如破竹,你这平原城附近大大小小的郡县也都归附安将军了,你又何必负隅顽抗呢!"

颜真卿目光灼灼地看着段子光,冷冷地说:"若是我抵抗到底,那又如何?"

段子光听了这话,脱口而出:"大人想必已经知道,守卫森严的洛阳已经被我们攻破了。守城将领李憕也被我们斩杀,大人若是还不投降,怕是要步他的后尘了。"

得知洛阳失守的消息后,颜真卿悲愤交加,当即下令处决了段子光,以此告祭牺牲的将士们。这件事传出后,人们都很佩服颜真卿的胆略和魄力,纷纷去投奔他。颜真卿的军队就此得以迅速扩充,在短短的时日内就增加到了十几万人,有了与安禄山大军长期对抗的资本。他带领着军士们固守城池,寸土不让,牵扯了叛军的大股力量。

当时,颜真卿的堂兄颜杲卿正任常山郡太守,与颜真卿一样,他也是宁肯战死决不投降的。但是令人惋惜的是,常山郡守军数量太少,无法抵挡安禄山叛军的攻击,没过几天就被攻破了,颜杲卿和他的儿子颜季明也成了俘虏。安禄山亲自审问颜氏父子,想将他们劝降,谁承想,颜杲卿宁折不弯,不但没有投降,反而把安禄山大骂了一顿,甚至在被施以钩断舌头的酷刑后还不停歇。安禄山恼羞成怒,命令将颜杲卿和他的儿子一起凌迟处死了。

颜杲卿父子遇难的消息第一时间就传到颜真卿的耳中,他悲恸欲绝。堂兄一家三十余口,都在守城的过程中殒命,他自己和未成年的儿子更是被处以了极刑,这血淋淋的家仇国恨,让他悲不自胜,情难自抑。

为了寄托自己的哀思,颜真卿决定为侄子季明写一篇祭文。他站在书案前,文思泉涌,落笔也越来越快,此时颜真卿写的已不仅仅是一篇文章,而是自己的满腔悲愤和

深切怀念，是他对逝去亲人的感佩和追思，更是对铮铮铁骨的崇敬和感念。

在这样的情绪下，一篇用行书写就的祭文一蹴而就，这就是享誉后世的《祭侄文稿》。这篇祭文不但文辞好，书写妙，还饱含着颜真卿浓烈的爱国之情，成为他书法中艺术价值最高的作品，更为他的一生做了最好的注脚。此作品被后世的书法家誉为"天下第二行书"——仅次于东晋王羲之的《兰亭集序》。

为国捐躯

安史之乱经过近八年时间才逐渐平息，叛乱结束后，颜真卿因功升任刑部尚书，从此就一直在长安为官。这场旷日持久的战争对社会造成了极大的破坏，各地时不时会发生一些局部叛乱。公元782年，淮西节度使李希烈又发动叛乱，皇帝唐德宗李适（kuò）在宰相卢杞的建议下决定派颜真卿去劝降李希烈。

此时，颜真卿已经是个年过古稀的老人，再承担这样深入敌营的凶险任务显然是不合适的，何况李希烈为人心胸狭窄、刚愎自用，脾气反复无常，卢杞保举颜真卿其实也是出于对他耿直敢言的报复。朝中许多大臣劝颜真卿扔

掉这个烫手山芋,但颜真卿义无反顾,他向这些大臣们说:"我已经到这个年纪了,还害怕死亡吗?如果能够劝降李希烈,那么国家和百姓都会免受许多灾难,就为了这个目标,也值得去冒这次险!"

说到做到,颜真卿顾不上和家人告别,只带了一个童仆就奔赴李希烈的大营。李希烈见来劝降的是德高望重的颜真卿,就想将他策反,来壮大自己的声势。于是,他对颜真卿十分客气,不但待以上宾,还以利相诱,许诺自己一旦称帝就封颜真卿为宰相。

颜真卿打心底里对李希烈这样的叛贼嗤之以鼻,他厉声斥责李希烈道:"我的兄长颜杲卿在安史之乱时因为不屈而身受酷刑,无论是钩舌还是凌迟,都没有使他有丝毫动摇。我一向以这样的兄长感到自豪,常想着自己能不能像他一样为国尽忠。我今年已经七十五岁了,面对你们这样的叛贼,只希望能够像兄长一样英勇地死去,怎么可能自堕气节帮助你们这些叛贼!"

李希烈见利诱不成,便又改为威逼。他威胁颜真卿要将他活埋或者烧死,可颜真卿毫无惧色,根本不把他的威吓放在眼里。几次下来,李希烈办法用尽,还是没有任何效果,终于失去了耐心。公元784年,李希烈派人把颜真卿勒死。

艺术巨匠

颜真卿的生命就这样结束了。他一生钻研书法，为后世留下了宝贵的艺术遗产，而他高尚纯洁的人格，也为人们所崇敬。

【春秋】伯牙 【东晋】王羲之 【东晋】顾恺之 【唐朝】吴道子 【唐朝】张旭 【唐朝】颜真卿 【唐朝】怀素 【北宋】张择端 【明朝】唐寅 【清朝】郑燮

/ 知识链接

安史之乱

安史之乱发生于唐玄宗天宝末年，是由唐朝将领安禄山与史思明发动的叛乱，因而称为"安史之乱"，也称"天宝之乱"，是唐朝由盛而衰的转折点。

天宝十四载（公元755年），安禄山在范阳起兵，控制了整个河北，随后进攻洛阳、潼关，意图突破这两个重镇，而后直取长安。洛阳守军缺乏战斗经验，无法抵挡安禄山的进攻，没多久就被攻陷，而潼关有高仙芝、封常清等将领固守，安史叛军久攻不下，甚至有了回撤的打算。但唐玄宗听信了杨国忠等小人的谗言，不仅将高仙芝、封常清斩杀，还逼迫大将哥舒翰出城迎敌，最终导致潼关失守。

安史叛军步步紧逼，唐玄宗仓皇出逃，行到马嵬坡时，六军将士终于忍无可忍，发动兵变，杀死了杨国忠等人，杨贵妃也香消玉殒。

至德元载（公元756年），李亨登基，是为唐肃宗。在他的指挥下，以郭子仪、李光弼等将领为首的唐军向安史叛军发起反击，接连收复失地。

至德二载（公元757年），安禄山被其子安庆绪所杀。

两年后，史思明斩杀安庆绪，接收了安庆绪的部队，称大燕皇帝。

上元二年（公元761年），史思明被其子史朝义所杀。

宝应二年（公元763年），史朝义无路可走，自缢于林中，持续了七年多的安史之乱至此结束。

/作品欣赏

《颜勤礼碑》全称《唐故秘书省著作郎夔州都督府长史护军颜君神道碑》，是唐代书法家颜真卿于大历十四年（公元779年）为其曾祖父颜勤礼撰文并书写的神道碑（即墓碑）。

《颜勤礼碑》碑体四面刻字，现存三面，左侧铭文在北宋时已被磨去。此碑碑阳19行，碑阴20行，每行38字，碑侧5行，每行37字，追述了颜氏祖辈的功德，叙述了后世子孙的业绩。碑文端庄豁达、舒展开朗、动静结合、雍容大方，通篇气势相连，浑厚雄强，既代表了盛唐的审美风尚，也是颜真卿晚年的楷书代表佳作之一，现存于西安碑林博物馆。

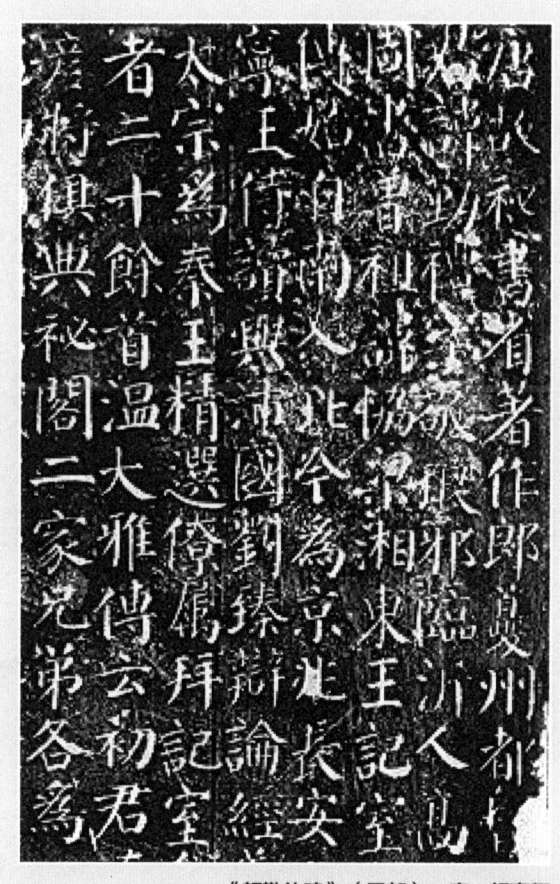

《颜勤礼碑》（局部） 唐·颜真卿

怀素

姓名 / 怀素

朝代（时期）/ 唐朝

出生地 / 永州零陵（今湖南永州）

出生时间 / 约公元 725 年

逝世时间 / 公元 785 年

主要成就 / 与张旭合称"颠张醉素"，是中国草书史上两座高峰

代表作品 /《自叙帖》《苦笋贴》《食鱼帖》《小草千字文》

怀素，字藏真，俗姓钱，幼年好佛，出家为僧，僧名怀素。唐代书法家，以狂草最为著名。用笔圆劲有力，使转如环，奔放流畅，一气呵成，是中国书法史上领一代风骚的草书大家。嗜好饮酒，醉酒兴起时，不分墙壁、衣物、器皿，任意挥写，人称"醉僧"。

壹 年少出家，醉心书法，曾以芭蕉叶为纸，刻苦练习。

贰 取法自然，醍醐灌顶，草书技艺达到全新境界。

叁 不远千里赴长安，师从邬彤练楷书。

肆 再遇名师颜真卿，切磋探讨，获益良多。

伍 酒过三巡七分醉，提笔狂草"醉仙书"。

钻研书法，取法自然

唐朝是中国文化非常繁荣的时代，无论是在诗、词等文学领域，还是在书、画、歌舞等艺术领域，都出现了许多光耀千古的人物。仅在书法一类中，就先后涌现出诸如张旭、颜真卿、褚遂良等人，其中，怀素也是不可忽略的一位。

怀素本姓钱，出生在永州零陵一个不算富裕的家庭里。他天资聪慧，自小学东西就比别的孩子快。十岁时，他突然对佛法产生了兴趣。父母想到家中贫困的光景，便干脆将他送进寺庙，让他出家修行，而怀素这个法名也就此成为跟随他一生的名字。

怀素出家后，很快又喜欢上了书法。他认真钻研，刻苦练习，没多久就写得有些模样了。与此同时，一个新的问题开始困扰他：练习书法需要笔墨纸砚等书写用具，怀素一个穷和尚哪里来的银两支持这些开销呢？

怀素十分苦恼，每天脑子里都在琢磨有什么解决的办法。一天，他正在打扫院子，一阵风吹过，将院中的芭蕉

艺术巨匠

吹得沙沙作响。怀素看着芭蕉叶子，突然想出一个法子：芭蕉的叶子又宽又大，展开来就跟纸没什么两样，那可不可以用它来代替纸练字呢？

说干就干，怀素从院子中的芭蕉上折了几片叶子，在上面试着写了几个字，仔细看了看，发现笔迹都非常清楚。怀素大喜过望，终于不用再发愁了！

此后，怀素开始在寺庙周围种植芭蕉，没过多久，竟然形成了一片小小的芭蕉林。舒展开的大片蕉叶向上延伸，完全将寺庙掩映起来。怀素看着遮天蔽日的一片浓绿，心中既得意又欢喜，他给自己居住的禅室起了个十分应景的名字：绿天庵。

有了"纸"，怀素练字更加勤奋了，每天都要写满好几张芭蕉叶。不过芭蕉虽然多，数量却是有限的，没过多久，芭蕉生长的速度就有些跟不上怀素消耗的速度了。但是，这次可难不倒怀素了。芭蕉叶提醒他，生活中处处都是可以利用的材料啊！于是，怀素找来一块木板，仔细地将它刨得平平整整，然后用毛笔在上面写字，写满后用清水刷洗干净就可以了。

就这样，怀素利用芭蕉叶和木板，每天不间断地练习。日子一久，不光木板被反复擦拭磨穿了，连笔也磨秃了好多支。怀素将这些不能用的笔杆都作为自己刻苦练习的见

了不起的中国历史人物

艺术巨匠

证留下来，十几年后，竟然攒下了一大堆。怀素索性将这些笔归拢到一起，起了一座坟，并在坟前的碑上为它题了"退笔冢"三个字。

怀素的刻苦努力没有白费，他的字越写越精进，但怀素时常觉得自己的字看起来不够恣意灵动，显得神韵不足。这样的所谓"缺陷"其实已经是超越技法之上的了，苦练也未必可以改善，于是怀素每天都在琢磨，怎样才能让自己的功力更上一层楼。

长年修习佛法让怀素对一切生物都怀有怜惜的心情、欣赏的心意，这一次，也正是这种与众不同的视角启发了他。一天，苦思多日不得要领的怀素正坐在佛堂门口，突然，他看见天边飘过的云彩被风吹成了另一种形状。怀素的脑海中突然闪过一个念头：云彩没有固定的形状，它随着风自然飞动，变化万千，写字是不是也一样呢？字形虽然是固定的，但是用笔可以不被框架所约束，跳脱出窠臼呀！

怀素仿佛醍醐灌顶，他突然发现天地万物的变化和书法的变化一脉相通。从此，他开始细心体味自然。他看夏天的云，了解了字形的变化万端；他看奔流的河，知悉了笔势的连绵不绝；他看风吹过的树，明白了气韵的动静相宜。怀素的书法由此又上了一层楼，尤其是他最为醉心的

草书，写起来气势奔腾，锋芒毕露，迈入了一个更加自由恣意的新境界。

千里求学

这样过了几年，怀素的书法在零陵一带已经非常有名。然而，在人们的交口称赞中，怀素并没有沾沾自喜，骄傲自满。他深知，书法之道，只靠自己钻研很容易钻入死胡同，必须要有名家精心指点，博采众长，才有可能突破自我，攀上高峰。于是，怀素决心离开零陵，前去都城长安寻访书法名家，拜师学艺。

零陵距离长安近两千里，一个身无长物的和尚，要怎么去呢？身边的人都劝说他，还是放弃吧，留在零陵一样能学习进步。但是怀素的决心很坚定，他相信，只要有恒心，就算凭着自己的一双脚，也可以走到长安，完成自己寻师学艺的心愿。怀素没有说诳语，几个月后，当他风尘仆仆地站在长安城城门口时，脚上的草鞋已经走坏了好几双，一路挑着的书箱也将他的肩膀磨出了一层茧子。

怀素一路艰辛地来到长安，本想向大书法家张旭请教，然而一直都没有机会，后来，他拜了张旭的弟子邬彤为师。张旭是草书大家，怀素想向邬彤学习的也正是这种字体。

出乎他意料的是，邬彤明知他的来意，却没有教授他草书，而是每日敦促他练习楷书。

怀素有些不解。一天，他实在按捺不住，便向邬彤请教草书的写法，邬彤看着他心急的样子，说道："想要学好草书，楷书是不可省略的一步。这就像小孩子学步一样，要从走路练起，跑和跳都要在走的基础上才能学好。"

邬彤说完，怀素不吱声了，但心里还是有些不服气。他想，虽然自己在楷书上没有如草书一般的兴趣，但写还是会写的，何况自己如今的书法水准已经达到了一定的高度，早就过了所谓"打基础"的时期了，再练习楷书还有什么意义呢。邬彤看着怀素的神情，猜到了他的想法，于是他把怀素带到了书房中，将自己珍藏的老师张旭的几幅作品拿了出来，给怀素欣赏。

有缘得见张旭的真迹，怀素心中满是激动，他小心翼翼地将这几幅手迹慢慢展开。刚一打开，他就明白了老师的用意。原来，张旭这几幅作品并非草书，而是张旭平日练习写下的楷书作品。更超出怀素想象的是，张旭的楷书也写得精巧秀美，很有功力。

怀素顿时对邬彤让他练习楷书的做法心服口服，他转过头对邬彤说道："老师，请您放心，我一定会练好楷书，再也不会急于求成了！"

怀素沉下心来，开始重新研究练习楷书。一年多后，他的字果然有了长足的进步，草书也由此得益不少。唯一令他不满意的，就是对竖画的拿捏还不够到位。但是此时，怀素必须要辞别老师了。临别之际，邬彤表示要赠给怀素一件礼物。怀素听闻，心中暗暗欢喜。他知道邬彤不仅是书法家，还喜爱收集前人的作品，其中就有极为难得的书圣王羲之的墨宝。他心想，老师的送别礼物难道是这个？

谁知，邬彤并没有拿出什么墨宝，而是郑重地对怀素说："你要记住，草书的竖笔，重要的是自然，女子戴的钗脚是最理想的形状。"

怀素听到老师的话，大喜过望，这是他苦思多日都没能悟出的写法诀窍啊！老师这一句话的分量，可一点儿都不比王羲之的真迹轻呢！

再遇名师

怀素离开长安后，又云游了很多地方，也与书法名家多有交往，相互切磋。一次，他去向大书法家颜真卿请教。颜真卿早就听说过怀素的名号，知道他的草书颇有功力，便向他询问道："久闻你草书功力非凡，老师邬彤也是当世名家，依你看，他的草书有什么独到的地方呢？"

艺术巨匠

怀素回答道:"老师跟我说过,草书的竖画要写得形似女子头钗的钗脚。"

颜真卿思考了一会儿,转头笑着对怀素说:"古钗脚和屋漏痕,你以为哪种更好呢?"

怀素听了颜真卿的话,先是有些不解,等到细细品味了一阵之后,便渐渐琢磨出了他话中的含义。

原来,所谓"屋漏痕",指的是下雨时屋顶上的雨水漏下来,在墙上面留下的痕迹。雨水倾泻不受控制,墙面也不都平坦,遇到起伏,就会跟着改变方向。因此,墙面上的雨水痕迹虽然大体流向一致,细看起来却是不规则的。以崇尚自然和韵律的书法艺术看来,这样并不整齐划一的痕迹,比直挺挺的一垂到底,更能显出意趣来。

怀素越想越兴奋,一把握住了颜真卿的手,哈哈大笑着说:"太感谢您啦!这句话真是让我受益匪浅啊!"

颜真卿见怀素这么快就领悟了自己的意思,知道遇到了知音,心中无比畅快,便继续问道:"你习字多年,有没有什么心得呢?"

怀素高兴地和颜真卿分享:"我经常观察天上的云朵,看它们随着风变化成各种各样的形状,从中体会到书法也要随性自然,不要拘泥于形状和定势。"

怀素的理论是颜真卿从未想到的,他不禁大笑起来,

连声称好。二人彼此欣赏，相见恨晚，怀素就在颜真卿家住了下来。颜真卿将自己收藏的欧阳询、褚遂良、王羲之等人的作品毫无保留地拿出来与怀素一起欣赏，两人切磋探讨，互通有无，都觉得获益良多。

怀素经过名师指点，进步神速。他博览名家作品，吸收各家精髓，再将自己的特点融入其中，敢于创新，形成了比张旭声名在外的"狂草"更为狂放的风格。他每每下笔，在旁人眼里，乍一看来都毫无规律，甚至难以分辨，可是一旦仔细品味，就能发现这些字之间不但彼此呼应，还自然连绵，无论笔画还是气韵都融会贯通。

当时的文人墨客都对怀素的作品叹为观止，为他写下了无数赞美的文章。怀素将这些文章收集起来，添加上自己的生平经历，写成了一篇《自叙帖》。他把自己自从学习书法以来的情感都凝聚于笔端，完成了这篇神采飞扬、力透纸背的书法作品。《自叙帖》也成为最能表现他书法艺术的代表作。

狂草"醉仙书"

怀素在长安学习后，书法写得越来越好，名气越来越大。与此同时，怀素的书写习惯也被津津乐道。原来，他

艺术巨匠

写字前，往往要喝上一顿酒，等到自己有七八分醉意了，再乘着酒兴落笔。一个书法精妙、不守戒律的和尚，这实在是太过出挑了。于是，一些文人墨客经常邀请怀素过府交流，请他表演是如何创作的。

一次，大诗人李白与几个朋友聚会，谈起近日坊间流传怀素的书法写意高妙，便起了亲眼一睹的兴致。他们将怀素邀请到家中，为他准备好了笔墨纸砚，当然，也少不了酒水。

怀素果然如传闻中一样，先把纸笔放到一边，一盏接一盏地喝起来。李白本也好酒，便与怀素对饮起来。几人边喝边聊，渐渐就有了些醉意。怀素挥毫创作的兴致被激发出来，便大喊了声："拿笔来！"

一旁的小厮连忙将笔墨纸砚一并奉上。怀素接过笔，蘸饱了墨，将宣纸展开，凝神静气了一刻，便毫不犹豫地下笔开始书写。他笔走龙蛇，几乎不假思索。不一会儿，一大页纸已经写满，他却还没有尽兴，便索性继续在房间的墙壁上书写，直到整面墙都写满。

此时怀素环视屋内一番，还觉意犹未尽。于是，他开始在李白和朋友们的衣服上、房中的器具上书写，一行行神采飞扬的狂草恣意流淌。可贵的是，这些字并没有因为书写的材质不同而有失水准，还是气势磅礴，精妙绝伦。

艺术巨匠

一室的人都被怀素的精彩表现惊呆了,原来,书法可以这样恣意不拘!李白看着自己身上的草书作品,一边哈哈大笑一边赞叹道:"这般神乎其技,只怕鬼神都会吃惊。怀素师傅的书法,当得上一声'醉仙书'了!"

说完,李白也提起笔来,写下了一首流传千古的诗——《草书歌行》。其中"少年上人号怀素,草书天下称独步"的评价,是对怀素书法艺术的极高赞誉。

/ 知识链接

草 书

草书出现于汉初,是在隶书的基础上形成的一种书体,特点是"存字之梗概,损隶之规矩,纵任奔逸,赴速急就"。

后来,草书逐渐抛去了隶书方整、规矩、严谨的特点,形成了自己独特的章法,既有规范性,又有灵活性,称为"章草",并出现了"草圣"张芝这样的大书法家,创造了草书问世以来的第一座高峰。

汉末,章草进一步简化,完全脱去了隶书的笔画行迹,不拘章法,笔势流畅,称为"今草","书圣"王羲之的《初月帖》等便是今草的代表作品。

今草自魏晋之后盛行不衰,到了唐代,出现了以张旭、怀素等书法家为代表的"狂草",也叫"大草",成了完全脱离实用的艺术创作,变得更加狂放不羁,笔势连绵环绕,字形多变,不易辨认。

北宋哲宗时期的张商英丞相还因为草书而闹过笑话呢!据说,张丞相非常喜欢草书,但写得不是很好,同行们都笑话他,他却不以为意。一次,张丞相灵光乍现,想出几句好诗,于是赶紧提笔写了下来,还让侄子抄录一份。可张丞相是用草书写的,侄子抄着抄着,发现有些字实在不认识,便去问张丞相。结果张丞相对着自己的手稿反复辨认了很久也没认出来是什么字,气得责骂侄子:"你怎么不早问我,这下我也忘了自己写的是什么了!"

/作品欣赏

《小草千字文》(局部) 唐·怀素

　　《小草千字文》是唐代书法家怀素创作的小草书法作品,经帖装,水墨,每页纵26.8厘米,横13.5厘米,共9页,42行,计530字,盖有藏印数枚,是价值连城的唐代墨宝,被誉为"天下第一小草"名帖,又名为《千金帖》,现为著名学者黄锦祥所藏,是怀素唯一传世的小草书法真迹。

　　此帖笔画瘦劲有力,笔墨奔放流畅,一气贯之且不离法度,苍劲而古雅,静穆而安详,毫无涣散衰颓之状,是古代最珍贵、最标准的小草范本之一。

张择端

姓名 / 张择端

朝代（时期）/ 北宋

出生地 / 琅琊东武（今山东诸城）

出生时间 / 约公元 1085 年

逝世时间 / 公元 1145 年

主要成就 / 作品《清明上河图》描绘了北宋都城汴梁的风貌，具有极高的艺术和历史价值

代表作品 /《清明上河图》

张择端，字正道，北宋绘画大师。早年在开封学画，后供职翰林图画院，专职界画宫室，以舟车、市肆、桥梁、街道、城郭等最为擅长，刻画细致，界画精确，豆人寸马，形象如生。代表作品《清明上河图》继承发展了历史风俗画的优良传统，是中国古代绘画作品中的极品，具有极高的艺术价值和历史价值。

壹 受邀为相国寺作画，画工出众，志向高远。

贰 奉旨入翰林图画院，历时数年，绘出《清明上河图》。

叁 金人入侵，灭亡北宋，夺走《清明上河图》。

肆 呕心沥血，重绘《清明上河图》，以激励宋高宗抗金。

伍 忧愤难平，焚毁《清明上河图》。

将东京搬到画中

张择端是北宋著名的画家。他的作品《清明上河图》是中国绘画史上的瑰宝,具有极高的艺术价值和历史价值。关于这幅作品,还有几个有趣的故事。

北宋时期,位于东京(今开封)的大相国寺深得皇家尊崇,先后多次扩建,于宋神宗时期发展到了鼎盛阶段,无论是占地面积还是僧人数量都达到了空前的规模。寺庙内部殿阁雄伟,花木葱茏,被誉为"金碧辉映、云霞失容"。与此相对应的,偌大的相国寺也需要大量的画师将这些建筑修饰成美轮美奂的雕梁画栋。

于是,一批民间画师被邀请到相国寺中,集体为这座寺庙作画。其中有一位名叫张择端的青年画师显得尤为出众。与其他画师多绘作佛教故事不同,张择端更擅长界画,舟车、市肆、城郭、桥梁等是他的拿手好戏。在相国寺作画期间,他更是扬言可以把东京的繁华盛景搬到画中来。得知张择端的雄心壮志,周围人都有些不相信。要知道,

艺术巨匠

东京是当时最发达的城市，要想将这一座城绘成一幅画，需要怎样精妙高超的技巧暂且不说，光是需要耗费的心血就难以想象了。听到大家的议论，张择端并没有急于解释，而是在相国寺的香积厨里住了下来，每日潜心作画。

相国寺声名在外，自然有很多达官贵人出入于此，连皇帝都会偶尔来上香。一天，宋徽宗赵佶在皇家卫队的护卫下，声势浩大地驾临相国寺。上香完毕后，宋徽宗将寺庙的主持召来问话。原来，相国寺修缮招募大量画师的事情也传到了宋徽宗的耳朵里，这位皇帝素来爱好书画，并且造诣非凡，他听说这里名家云集，不免也对他们的作品充满好奇。他仔细地向主持询问了寺中画师的情况。当主持提到张择端时，宋徽宗对他的特立独行很感兴趣，毕竟，他所说的这幅作品如果真能完成，那在整个绘画史上都是绝无仅有的存在了。于是，宋徽宗便命同样精于绘画的宰相蔡京去了解情况，并让他把这位年轻人带来给他看看。

不一会儿，宋徽宗就见到了这位才华横溢的画师。他打量了张择端一眼，发现他看上去并不似传闻中那样不可一世。宋徽宗饶有兴趣地向他发问道："你就是张择端么？听说你发愿要把东京城都画出来呢。"

张择端不慌不忙地回答道："您说得没错，我正是张择端，画下汴梁的繁荣盛景的确是我一直以来的愿望。"

了不起的中国历史人物

艺术巨匠

宋徽宗见这个年轻人说话不卑不亢，谦恭有礼却也不失自己的气度，不由生出一些好感。他思量了一下便传下旨令，将张择端召进翰林图画院，让他专职绘画东京的繁华盛景。

翰林图画院是朝廷设立的专门作画的机构，画师们都在宫中作画，画出的作品也都被皇家收藏。张择端进入图画院后，认为这样的作画方式无法满足他的需要，要画出汴梁的街市容貌，不亲自观察揣摩怎么能行呢？于是，他向宋徽宗提出请求，将作画的地点从皇宫改为城里安静的农舍。宋徽宗同意了他的请求。从此以后，张择端就开始了在农舍中潜心作画的日子。

他白天在汴梁城中到处行走，观察街市的安排分布，百姓的面貌打扮，人们的交往活动，细细品味汴梁的特色和人们的日常生活，随手记下可用的素材。晚上回到农舍，他再将白天的所见所闻整理出来，仔细描摹。就这样，张择端日复一日地边观察边作画，一画就是好几年。功夫不负有心人，张择端终于完成了一幅长卷，这就是《清明上河图》。

《清明上河图》

《清明上河图》是一幅绢本画,纵向24.8厘米、横向则有528.7厘米,整体展开后蔚为壮观。它以清明时节的汴梁郊区,以及以虹桥为中心的汴河两岸的建筑和民生为题材,细细描摹了城市的繁华景象和美妙的自然风光。

这幅长卷分为三个段落。首段从汴梁郊外画起,用精巧的构图和疏密有致的笔法展现了生机勃勃的春日风光。农舍酒家,田埂阡陌,勤劳的农民在农田中耕作,牛马也微微甩动着尾巴。踏青扫墓归来的人们组成队伍,或步行或乘车、骑马,正在向城内进发。这部分是全图的伊始,让人们在欣赏之初就知晓了画作的时间、地点,为后面的内容埋下伏笔。

画卷继续展开,进入中段。这部分主要描绘的是繁忙的汴河码头。汴河是北宋时期国家漕运枢纽,是当时的交通要道,往来人流如织,极为热闹,画面直白地展示了这一点:河岸上,人烟稠密,粮船云集,人们有在茶馆休息的,有在看相算命的,有在小饭馆进餐的。河里船只往来,首尾相接,或纤夫牵拉,或船夫摇橹,有的满载货物,逆流而上,有的靠岸停泊,正紧张地卸货。横跨汴河的是一座规模宏大的木质拱桥,结构精巧,形式优美,这就是

艺术巨匠

虹桥。

桥下,一只大船正等待通过。船夫们也是姿态各异:有用竹竿撑的;有用长竿钩住桥梁的;有用麻绳挽住船的;还有忙着放下桅杆的。邻船的人也在一边指点一边大声吆喝。船里船外都在为这只船忙碌着。而桥上的人,也伸头探脑,观看这齐心协力过桥的场景。在张择端的精心勾勒下,码头区熙熙攘攘的景象跃然纸上。

画卷的最后,就是热闹的街市了。这一部分以高大的城楼为中心,两侧的屋宇鳞次栉比,有茶坊、酒肆、脚店(供人临时歇脚的小客店)、肉铺、庙宇、公廨(官署,旧时官吏办公处所的通称)等等。商店中有绫罗绸缎、珠宝香料、香火纸马等,此外还有医药门诊、大车修理、看相算命、修面整容,各行各业,应有尽有,大商店的门首还扎着"彩楼欢门",悬挂市招旗帜,招揽生意。

街市行人,摩肩接踵,川流不息,有做生意的商贾,有看街景的士绅,有骑马的官吏,有叫卖的小贩,有乘坐轿子的大家眷属,有身负背篓的行脚僧人,有问路的外乡游客,有听说书的街巷小儿,有酒楼中狂饮的豪门子弟,有城边行乞的残疾老人,男女老幼,士农工商,三教九流,无所不包。还有各种各样的交通工具:有轿子、骆驼、牛马车、人力车,有太平车、平头车,形形色色,样样俱全。

画面将这一切都细致入微地展现在人们的眼前，每一处都活灵活现。

《清明上河图》通过这三个段落，展现了一幅完整的汴河两岸生活图景。商业、交通、漕运、建筑、风俗、习惯等，这幅作品几乎无所不包，繁华富庶的汴梁城在张择端的笔下，被细致地描绘出来，让人们对他的鬼斧神工叹为观止。

宋徽宗见到张择端历时几年完成的《清明上河图》，大喜过望。在此之前，中国绘画史上还从没有一幅这样的风俗画，可以如此全面、细致地展现出人民的生活和城市的样貌。宋徽宗极其珍视这幅作品，还将它收入皇家内院，作为国宝收藏了起来。

《清明上河图》后来被誉为中国十大传世名画之一，是中国绘画史上浓墨重彩的一笔，也为北宋时期民俗历史的研究提供了不可多得的依据。

痛烧《清明上河图》

关于《清明上河图》，还有一个在民间口口相传的故事。张择端在完成这幅作品时，北宋王朝已经危如累卵。北方的金人凭借强大的武力多次犯关入境，北宋军队无力抵抗，最终，金人攻入东京，已经退位的皇帝宋徽宗和他

在位的儿子宋钦宗一起，被金人俘虏到北方，这就是历史上所说的"靖康之耻"。

战败带来的不仅是耻辱，更是无止境的离乱和劫掠。金人在东京实施大扫荡，把所有值钱的东西都搜出来带走，而被皇家收藏的艺术品也被大量运往北方，其中就包括张择端数年心血凝结而成的《清明上河图》。

北宋灭亡了，但这并不意味着金人的面前就是一马平川。随着宋徽宗的儿子宋高宗在杭州称帝，南宋就这样建立了。经历过皇帝被俘的耻辱，人们心中抗击金人、收复河山的愿望越来越高涨，张择端也不例外。他想起自己多年的心血随着金人铁蹄的远去而付之东流，汴梁城如今已不见当年繁华的景象，这重重的愤懑与遗憾使他萌生出一个想法：他要凭自己的记忆，将《清明上河图》重新画出来，献给宋高宗，以激励他不忘旧日，砥砺奋发。

张择端开始闭门谢客，潜心作画。他呕心沥血，几次修改他的画稿，又经过了好几年，终于重新绘制出一幅《清明上河图》长卷，献给了宋高宗赵构。他满心以为自己的这番心血能够给宋高宗一些鼓励，谁知，宋高宗不但对抗金没有信心，畏战逃避，而且对书画等艺术根本不感兴趣。在他眼中，《清明上河图》虽然是一幅画中精品，但是张择端献画的行为实在是一种对他抗金的变相敦促，这惹

了不起的中国历史人物

得他非常反感。于是，宋高宗将这幅新《清明上河图》退回给了张择端。

张择端见到退回的画，心知皇帝没有收复河山的念头了，他长叹一声，徐徐展开这幅历经磨难的长卷，反复摩挲。他想到当日的繁华与如今的悲凉，想到已经不复存在的北宋王朝，想到今日在金人面前屈辱的景象，心绪难平。一气之下，他将手上的这幅《清明上河图》长卷付之一炬。这一次的作画与受到的打击深深地伤害了张择端的身体和精神，没过多久，他就忧愤病逝了。

《清明上河图》由此开始了被辗转收藏的日子，仿佛一只时光中的船，承载了自问世以来数百年的变迁，留下了一个曾经繁荣的城市千古辉煌的遗迹和影像。

/知识链接

界　画

界画是中国画的一种技法，也是中国画的一个独立门类。

作为中国画技法，界画其实是套用了建筑中"界划"的意思，"界"指界尺，是建筑绘图时专供毛笔画直线的工具。

作为中国画画种，界画是指采用这种界尺、用界划的方法所绘的画，最明显的特征是工整写实、造型准确，要求准确、细致地再现所画对象，分毫不得逾越。

界画在晋代就已出现，到隋朝时已经较为成熟，出现了展子虔、李思训等界画大师。隋朝之后，界画成为绘画界的一种时尚，画家们纷纷以工谨、绚丽的笔墨和色彩孜孜不倦地描绘宫苑的华丽和帝王的奢侈，甚至在宋代出现了《清明上河图》这样的绝世珍品。

元代以后，"文人画"兴盛，使得界画成为人们诟病的对象，虽然当时也有些擅长界画的大家，但整体而言，界画在中国艺术史上的地位日渐式微了。

时至今日，除中国美术界以外，恐怕很少有人知道什么是界画，擅长界画者更是凤毛麟角，但界画曾形象、科学地记录了古代建筑以及桥梁、舟车等交通工具，较多地保留了当时的生活原貌，让我们得以窥见那些早已在历史的长河中消亡的古建筑，界画的意义早已突破了审美的范畴。

/作品欣赏

《清明上河图》（局部） 北宋·张择端

  《清明上河图》是北宋画家张择端仅存于世的精品，是中国十大传世名画之一，属于国宝级文物，现藏于北京故宫博物院。

  《清明上河图》是一幅绢本画，纵向24.8厘米，横向则有528.7厘米，它以散点透视构图法，以清明时节的东京城以及汴河两岸的自然风光和繁荣景象为题材，细细描摹了北宋都城东京的城市面貌和当时社会各阶层人民的生活状况，内容丰富，结构严谨，繁而不乱，长而不冗，画面中还穿插着各种情节，错落有致且富于情趣，具有很高的艺术价值和历史价值。

唐寅

姓名 / 唐寅

朝代（时期）/ 明朝

出生地 / 苏州府吴县（今江苏苏州）

出生时间 / 公元 1470 年

逝世时间 / 公元 1524 年

主要成就 / 明朝著名画家，"明四家"之一，尤其擅长山水、人物、仕女图

代表作品 / 《骑驴思归图》《山路松声图》《事茗图》

唐寅，字伯虎，又字子畏，号六如居士、桃花庵主、逃禅仙吏等，明代著名书法家、画家。其书法奇峭俊秀，绘画融宋代院体技巧与元人笔墨韵味为一体，形成了自己独特的风格，以山水、花鸟、人物最为擅长，与沈周、文徵明、仇英合称"明四家"或"吴门四家"。

壹 生于苏州吴县，自幼聪颖，却调皮淘气，无心求学。

贰 师从祝允明、沈周、周臣，开始系统地学习绘画。

叁 被诬陷科举考试作弊，虽无实证，却被除名。

肆 游历四方，潜心作画，画工已臻化境。

伍 佯装疯癫，逃离政治漩涡，誓不再画仕女图。

从混世魔王到青年才俊

1470年,江苏吴县皋桥一户姓唐的人家里,一个男孩呱呱坠地。父亲以他出生的天时,为他取名唐寅,表字伯虎,希望他能像小老虎一样健壮威武,日后有所成就。

唐寅一天天地长大,果然如父亲所期望的那样,长得聪明又健康,还是个小豆丁的时候就可以像大人一样侃侃而谈,丝毫不会怯阵慌张。周围的人们都说,这孩子学什么都是一点就通,真是一块念书的好材料,长大一定可以通过科举考试光耀门楣。父亲听了这些话十分高兴,便想着意培养唐寅念书学习。可是令人头疼的是,唐寅聪明归聪明,却也非常淘气,每天不是带着小伙伴们玩玩闹闹,就是在自家开的酒楼里调皮捣蛋,总是没个正经的样子。

唐父非常烦恼,却拿这个"混世魔王"没有办法。一天,酒楼里来了一位熟客,唐父看唐寅走去与这位客人聊天打趣,灵机一动想出一个主意。原来,这位熟客名叫祝

艺术巨匠

允明，是当地有名的大才子，不但学问好，还写得一手漂亮的毛笔字。唐父心想：看伯虎的样子，与这位祝先生特别投缘，话里话外听上去也很敬重先生。我平日规劝他没有用，不如去求求祝先生，看他有没有法子教导伯虎专心读书吧！

唐父这样想着，便将唐寅支开，自己来到祝允明面前跟他商议。祝允明比唐寅年长十岁，很喜欢这个机灵的小孩儿，想到他这样荒废时日未免可惜，便一口答应下唐父的请求。

祝允明知道，唐寅这样与众不同的孩子，对耳提面命式的教导是根本听不进去的，要想劝诫他，得从侧面慢慢下手。于是，他并不故作严肃地找唐寅谈话，而是每次到酒楼来，都有意与他谈论一些与书籍、文章相关的话题，也会偶尔将他带到自己家中，让他看看自己平日看书习字的样子。就这样过了一段日子，唐寅渐渐被祝允明的学问所折服，心中又是尊敬又是向往，便也开始认真地读书上课了。

唐寅开始学习后，渐渐发现了其中的乐趣，尤其对画画产生了浓厚的兴趣。虽然没有名师指点，但他自己不断摸索着勤加练习，一段时间后，也画得有模有样了。

一次，祝允明去唐寅的家中做客，碰巧看到他正在练

习画画，书桌周围还摆放了不少已经完成的作品。祝允明随手翻开看了看，发觉唐寅的画虽然天赋灵感出众，但笔触十分生疏，显然需要有人来教授他一些画画的基础和技巧。于是他问唐寅："你很喜欢画画吗？我有个朋友名叫沈周，在画画上造诣很深，也一向爱才惜才，你想不想向他学习呢？"

唐寅听了祝允明的话大喜过望，他正发愁自己学画不得要领，进步太慢，也想有个老师指导自己呢！于是第二天，他挑选了几幅自己比较满意的作品，跟着祝允明一起来到沈周的家里。沈周看了唐寅的画，果然如祝允明所料想的，对他的天分十分赞赏，于是毫不犹豫地收下了这个学生。

从此以后，唐寅便开始跟随沈周系统地学习绘画。唐寅以前作画，都是靠自己琢磨，对于技法、构图、用色等等理论，都算不上了解。他拜沈周为师后，把这些基础一步一个脚印打牢固，画起画来更加得心应手了。一段日子后，唐寅的画艺大有提高，尤其是在人物画方面，已经很有一些水准了。

沈周看唐寅如此用功，心中也很欣喜，为了让他的画技更上一层楼，沈周又将他引荐给了大画家周臣。周臣在人物画上造诣非凡，他一看到唐寅平时练习的画作，就断

艺术巨匠

定这个年轻人天资卓越，于是欣然接受了沈周的建议，将唐寅收为弟子，给予他悉心的指导。

唐寅得到两位老师的精心教导，加上自己认真钻研，勤学苦练，画艺突飞猛进。当时的苏州文人荟萃，才子名家云集，彼此之间经常往来切磋，互相唱和研习。在祝允明的介绍下，唐寅也加入其中，经常与大家一起吟诗作画，互通有无。久而久之，唐寅的名气越来越大，人们还将他与祝允明、文徵明、徐祯卿并称为"吴中四才子"。

徐经科场案

唐寅没有辜负自己的天分和努力，他十六岁参加院试，一举考得第一名；二十九岁参加乡试，又考取了头名。一时之间，唐寅声名大噪。唐寅自己也很得意，他下定决心，要在京城举办的会试中取得好成绩，日后可以出仕入朝，施展自己的抱负，多为百姓做一些事。

第二年，唐寅出发去京城参加会试，途中结识了一位叫徐经的考生。徐经家住江阳，才学不俗，与唐寅很投缘，随后两人结伴上路，到达京城也住在一起。

这次会试的主考官程敏政曾经做过徐经的老师，按照当时文人往来的礼数，徐经到京城后，第一件事就是去拜

了不起的中国历史人物

艺术巨匠

会老师，唐寅一路上与他形影不离，自然也随他一同前去。谁知，正是这次拜会，引发了一系列改变唐寅人生轨迹的事情。

几天之后，会试结束了，唐寅自觉发挥得不错，满怀信心地等待着放榜。没想到，榜单还没看到，几个凶神恶煞的差役倒是闯进了门。唐寅一头雾水，和徐经一起被抓了起来，直到被关进监狱才弄明白事情的来龙去脉。

原来，这次科举的考题与往年大不相同，出得很生僻，大多数考生甚至都不知道出处，答得文不对题。主考官程敏政在阅卷时偶然发现了两篇出色的答卷，不但切中题要，还文辞出众，才华过人。他想到唐寅与徐经在拜会他时满腹诗书、侃侃而谈的表现，就脱口而出："这两份卷子应该就是唐、徐二人的了。"

谁知，这句赞赏的话却招来了祸患。本来唐寅和徐经才名在外，在京城的一举一动都很受外界的关注，加之徐经与程敏政有师生之分，考生中就有些风言风语，说他二人受到主考官的偏爱和庇护。程敏政的话一出，"徐经行贿主考官，提前得到考题"的传闻几天内就被传得沸沸扬扬。结果，户部官员华昶（chǎng）以舞弊的罪名弹劾了程敏政，而徐经、唐寅也受到牵连，被捕下狱。

唐寅蒙受不白之冤，尽管他一再申诉，辩解自己从未

有过舞弊行为，但是仍然无法获取朝廷的信任。他别无办法，只能在牢狱中等待，希望朝廷能够还自己一个清白。日子一天天过去，终于，唐寅等到了朝廷的判决：他行贿的罪名因为查无实据不予追究，但是他在会试之前与主考官来往接触过于密切，"莫须有"的罪名也是难逃的。于是，他无端地受到朝廷惩罚：这一次会试的成绩作废，只将他发往浙江，做一名没有品级的小吏，同时除去他的名籍，从此再也不能参加科举考试。

唐寅有冤无处诉，满心悲愤，对朝廷封给他的官职更是不屑。于是他拒绝了这个任命，只身一人带着满心凄怆离开京城，回到家乡。

一夕之间，唐寅的人生发生了翻天覆地的变化，他从意气风发、前途无量的青年才俊变成了银铛入狱、仕途无望的落魄书生，连带着周围人看他的眼神也略带轻蔑的色彩了。以前他声名在外，所作的诗文都被争相传颂，画的画也有很多人高价求购，可如今他的画甚至到了无人问津的地步，往日总是人来人往的府第如今也是门可罗雀，只有祝允明、文徵明等几个好友还与他保持来往，不时接济他的生活。

从此，唐寅不再过问世事，开始专心研习画画。他想到老师沈周曾经说过，要想画出非凡的作品，只关在家中

临摹练习是远远不够的，还要饱览名山大川、人间胜景，用自己的眼睛去看，用自己的心去感受。只有将这些见识都转化为自己内在的力量，绘画才能达到更为精深的境界。于是，唐寅用了一年多的时间，专门游历了富春江、武夷山、庐山等地，边走边将自己的感受用诗文、书画记录下来。一年之后，当他带着自己一路积攒的作品来到老师沈周府上请他品评时，获得了老师由衷的赞叹："你如今的画已经到达更高的境界了，比我有过之而无不及。这都是你这些年读万卷书、行千里路得来的啊！"

唐寅得到老师的肯定，更是一门心思扑在了画画上。他在苏州西北的一处地方建起居所，屋外遍植桃花，将之命名为"桃花坞"，自号"桃花庵主"，并写下了《桃花庵歌》来抒发自己自由自在、不为世间功名利禄束缚的志愿：

> 桃花坞里桃花庵，桃花庵下桃花仙。
>
> 桃花仙人种桃树，又摘桃花换酒钱。
>
> 酒醒只在花前坐，酒醉还来花下眠。
>
> 半醉半醒日复日，花落花开年复年。
>
> 但愿老死花酒间，不愿鞠躬车马前；
>
> 车尘马足富者趣，酒盏花枝贫者缘。
>
> 若将富贵比贫贱，一在平地一在天；
>
> 若将贫贱比车马，他得驱驰我得闲。

别人笑我太疯癫，我笑他人看不穿；

不见五陵豪杰墓，无花无酒锄作田。

逃禅仙吏

唐寅的画作以山水、人物为佳，其中功力最深、最为人所称道的就是仕女图。他笔下的仕女们，不但姿容秀美，而且形态各异，从画中人的一颦一笑中几乎可以读懂她们的喜怒哀乐，使人看了不由击节称赞。然而，唐寅在晚年，却不愿再画仕女图。人们非常不解，殊不知，这背后还有一个缘由。

1514年，宁王给唐寅送来了重金礼聘，希望招揽他做自己的幕僚。其实在此之前，也有一些官员想要招揽唐寅，都被他婉言谢绝了，但宁王权势通天，唐寅根本不敢拒绝，只得离开家，前往宁王的封地南昌。

唐寅在宁王府中被待以上宾，他非常感激，但也很困惑：自己虽然很有才能，但仅限于诗文书画，对于治国虽有见解，却从未对外宣扬，宁王看上去虽然礼貌客气，但明显对谈诗论画兴趣有限。既然如此，他为什么要千里迢迢大费周章地将自己请到这里来呢？

没过多久，他的疑问就得到了解答。一天，宁王带着

艺术巨匠

十几位女子来到唐寅的住处，请他为这些女子画肖像。唐寅看过去，发现这些女子都青春貌美，身形袅娜，各有各的美态。他虽然不知道宁王这样做有何深意，但身为幕僚，也只能按命令行事。等他画完，这些作品就都被宁王拿走，不知下落了。

唐寅心中暗暗打鼓，于是在宁王府中想方设法打听这些画像的去向。不久，他就打听到一个令人心惊的消息：原来，宁王让他画这些仕女图，是要把这些图送给京城的各路权贵，将这些女子作为礼物献给他们，为自己赚取日后的政治资本，甚至图谋造反篡位。

这个发现让唐寅心惊肉跳，宁王请他来，竟然是这个目的！他为自己陷入这样的政治阴谋担心不已，也为那些很可能已经羊入虎口的年轻女子感到痛心与自责。他暗暗下定决心，再也不能让宁王利用自己实施阴谋了，他要寻找机会，远离这里。

为了逃离这里，唐寅想到装疯的办法。他开始有意地表现出言语无状、行为失常，有时几日不吃不睡，有时又故意长睡不醒。宁王对唐寅的突然疯癫半信半疑，指示手下人时刻盯住他，但是唐寅将自己掩饰得天衣无缝，过了几个月，宁王终于相信唐寅已经无法为自己出力了，便放他回了苏州老家。

了不起的中国历史人物

艺术巨匠

唐寅终于脱离虎口，对他而言，这不仅是让自己离开了政治漩涡，也避免了助纣为虐，坑害更多的人。过不多久，宁王果然起兵造反，虽然很快就被朝廷平定，但还是不可避免地掀起了战争，给很多百姓带来了祸患。唐寅由此对政治彻底产生了厌恶，更是下了决定，再也不画仕女图。他从此转而信佛，自号"六如居士"，还为自己制作了一方印章，叫"逃禅仙吏"，以表达自己再也不涉足俗务的愿望和心境。

/知识链接

明四家

　　明四家指沈周、文徵明、唐寅和仇英四位明代著名画家，由于他们四人均为南直隶苏州府人，活跃于今苏州（别称"吴门"）地区，所以又称为"吴门四杰"。

　　沈周，字启南，号石田，晚号白石翁，长洲（今江苏苏州）人，世代隐居吴门，人称石田先生。他擅长山水画，作品具有平淡、质朴、宏阔的特点，长卷《沧州趣图》是他晚年的杰作。

　　文徵明，初名壁，字徵明，更字徵仲，号衡山居士，长洲（今江苏苏州）人。他擅长描绘山水、人物、兰竹、花卉等，以细笔山水画最佳，为"吴门画派"创始人之一。

　　仇英，字实父，号十洲，江苏太仓人，后迁居苏州。山水、花卉、界画、人物、仕女无所不能，既工设色，又善水墨、白描，能运用多种笔法表现不同的对象，被称为"异才"。

/作品欣赏

《秋风纨扇图》是明代画家唐寅创作的一幅纸本水墨画，纵77.1厘米，横39.3厘米，是书画鉴定界公认的为数不多的唐寅人物画真迹，现藏于上海博物馆。

《秋风纨扇图》以西汉班婕妤年老色衰，如纨扇一般被汉成帝抛弃的典故为创作蓝本，描绘了一个手执纨扇，立于庭院之中，侧身凝望，眉宇间微露幽怨怅惘神色的仕女。画的左上角则是一首诗："秋来纨扇合收藏，何事佳人重感伤，请把世情详细看，大都谁不逐炎凉。"整幅画笔墨富于变化，含蓄有致，不仅将人物形态刻画得十分准确，还借美人的悲惨遭遇来讽刺世态的炎凉，发人深省。

《秋风纨扇图》 明·唐寅

郑燮

姓名／郑燮

朝代（时期）／清朝

出生地／江苏兴化

出生时间／公元1693年

逝世时间／公元1765年

主要成就／将书法用笔融于绘画之中，开创了独特的画风，不拘泥古法，重视艺术的独创性和风格的多样化，影响深远

代表作品／《修竹新篁图》《兰竹芳馨图》

郑燮，字克柔，号理庵，又号板桥，人称板桥先生，清代书画家、文学家。他一生只画兰、竹、石，自称"四时不谢之兰，百节长青之竹，万古不败之石，千秋不变之人"，其诗、书、画，世称"三绝"，是清代比较有代表性的文人画家。

壹 钟情于画竹，以竹明志，品格高洁，坚韧向上。

贰 以江南青石板路为灵感，独创"六分半书"。

叁 年过不惑，考中进士，担任范县知县，清正廉明。

肆 临危受命，调任潍县，私开粮仓，赈济灾民。

伍 辞官归隐，定居扬州，卖画为生，自持风骨。

诗、书、画"三绝"

郑燮是清代著名的文学家、书画家。他自幼聪明好学,不但四书五经念得很好,还对书法、绘画、篆刻抱有很大的兴趣,经过多年的勤奋练习,写字、绘画都有了很大的进步。

郑燮年轻时,家门外有一片竹林。每当他读书累了或心情不佳时,总喜欢自己到竹林中散散步,排解愁绪。这片竹林也成了他练习绘画时最好的临摹对象,以至于后来他的画十之八九都是竹子。有些朋友看他总是画竹,不解地问:"你总是在画竹子,它线条这么简单,不过几笔就画完了,有什么乐趣呀!你为什么这么钟情画竹子呢?"

郑燮看着窗外成片的竹林,慢悠悠地答道:"竹子的品格多么高洁啊!无论酷暑还是严寒,它从不会像别的植物一样倒伏或者枯萎,一年四季都挺立着,永远是这样生机勃勃、坚韧向上的样子,这不正合了我们为人处世所推崇的品格吗?"

艺术巨匠

郑燮的话解开了朋友的疑惑，大家纷纷点头，都了解了他为何对竹子这样偏爱。郑燮对画竹醉心不已，便在家中的院子里也栽上了一小片，让竹影能够映照在纱窗上，以便他对着这片竹影揣摩练习。久而久之，郑燮对竹子的各种形态都了然于胸，随手就能勾勒得形神兼备。后来，他仕途浮沉，经历人世跌宕，总爱以竹明志，表达自己坚韧不屈的决心。

郑燮被称为诗、书、画"三绝"，可想而知，他在书法和诗文上造诣也很深。他从开蒙就对着古代名人的字帖碑文临摹，长年累月下来，几乎能以假乱真。周围很多人都称赞他笔力不俗，可郑燮总觉得自己的字还缺点东西，他时时揣摩，有时过于投入，还闹出些笑话来。

一次，郑燮琢磨一个字的笔画结构，直到深夜才睡下。他躺在床上依旧举着手比比划划，把身边已经入睡的夫人都惊醒了。夫人见他还在徒手练习，便无奈地对郑燮开玩笑道："你练字也不要将我的背当作纸张来用呀，我们各自一体，身体可是不能外借的。"

虽然夫人的话是戏谑，郑燮却受到了很大的启发。对呀！自古以来的书法家都自成一格，有自己独特的笔法字体，自己一味临摹前人作品，学是学到了，可并不能融会贯通，成为自己独有的东西，那么再如何练习，也只能是

了不起的中国历史人物

艺术巨匠

模仿而已，终究算不上一流。自己若想在书法上更上一层楼，那就势必不能满足于此，要开创出独属于自己的字体来！

这个想法令郑燮躺不住了，他索性从床上爬起来，又回到书桌前开始凝神细思。创造一种新的书法字体，还要有别于前人，这谈何容易！郑燮仔细思考着自己独有的书写体验，突然间，他想到自家门前的青石板路。郑燮的家乡在江苏，这里有着绵长的梅雨季节，道路都是由整块的青砖石铺就的，这些青砖常年经受雨水的冲刷，渐渐失去了最初的形状，变得大小不一，形态各异，虽然并不整齐，但错落有致，有一种独特的美感，与书法和绘画所讲求的"疏密有致"异曲同工。

郑燮循着脑海中影影绰绰的石板路的样貌，让手中的笔跟随感觉肆意在纸上游走。刚开始他的字写得一团乱，可渐渐地就有了一些新的形貌。郑燮大喜过望，他心想，自己的想法或许是正确的，这样尝试下去，说不定真的可以开一个先河！

从此，郑燮开始努力研究，过了些时日，一种新奇的字体逐渐在他的笔下诞生了。这是一种既类似隶书，又带有楷书特色，同时使用了行书和草书的笔法而创造出的字体。除此以外，郑燮还将自己长年画竹的心得融入进来，

将笔画写得具有竹子的神韵特色，使得这种字体还具有画面的效果。

郑燮的愿望实现了。他看着自己创造的字体，心里琢磨着：隶书的别称是八分书，而我所研究出的字体兼具楷、隶、行、草四种字体的特点，那么就取中，叫"六分半书"吧！

"六分半书"以其独特的美感受到很多人的喜爱，它也像郑燮想的一样，成了清朝很有代表性的字体，一直为后人所称道。

为民请命

虽然郑燮才华横溢，但是他在仕途上走得并不顺畅。他在康熙年间中了秀才，雍正年间中了举人，到了乾隆年间中进士时，已经四十四岁。等到他成为一方父母官，五年又过去了。此时的郑燮，已经年近半百，换做旁人，早已没有了什么雄心壮志，只须在任上安安稳稳度日，换得一个平稳致仕就行了。可郑燮不一样，他始终怀揣着一颗治世为民的心，他暗暗下了决心，只要在任一天，就要做一天为民请命的好官。

郑燮先被派到范县做知县。他为官清正廉明，为百姓

艺术巨匠

主持公义,一洗前任留下的贪腐弊端,很受百姓爱戴。过了几年,与范县相距不远的潍县爆发了几十年不遇的海潮和旱灾,农民的庄稼颗粒无收,百姓生活无以为继,只能靠草根、树皮果腹,不能消化的观音土也权作充饥,后来甚至发生了人吃人这种骇人听闻的事。危难之际,潍县的县令非但没有想办法积极救灾,反而因害怕承担责任而逃跑了。朝廷想到官声在外的郑燮,便将他调往潍县接任县令,带领百姓度过灾年。

郑燮临危受命,立即收拾行装赴任。他一边日夜兼程地赶路,一边观察着一路上的灾情,目之所及都是饿得面黄肌瘦的百姓。他暗暗心惊,想道:"饥荒已经严重到了这个程度,我到任第一件事,就是马上奏请朝廷开仓放粮,赈济灾民,晚一天就会有更多的人饿死!"

可是谁知,郑燮向朝廷请求开仓的奏折一连递了三次,都杳无回音。按当时的律法,官员是不能在没有朝廷许可的情况下私自开仓放粮的,一旦这么做,一定会被问罪,情节严重的甚至有杀头的危险。可是郑燮看着百姓一天天因为缺粮而倒下,心中仿佛油煎火烤。他心想:"潍县的灾情已经到了刻不容缓的地步,再不开仓赈济,不但会让越来越多的人送命,还有可能酿成更大的祸患。我怎么能为了保住自己就坐视不理呢?"

郑燮决定不再等朝廷的回复，先打开粮仓，为百姓放粮。他的决定自然遭到很多人反对，县衙内的县丞和典史听了他的想法都吓得连连摇头。他们苦劝道："大人请慎重行事，您若是开仓，可能连命都保不住啦！如今您已连上了几份奏折，朝廷不会不管的，您就再等等，有了朝廷的命令就不会引火上身了。"

郑燮听了他们的话，不由得愤怒起来。他大声说道："朝廷的命令什么时候能来，没有任何人知道，但是现在潍县每天都在饿死人，再这么等下去，这全县几十万百姓，还能剩下几个？你们不敢开仓，我敢，日后朝廷要问罪，就让我一个人来承担！"

说着，他传下命令，让官府当天就打开粮仓，给百姓发放救济粮。这些粮食解了燃眉之急，很多百姓都因此得救。

郑燮甘愿冒着抗旨杀身的危险开仓，然而赈灾远不是放粮这个举动就可以完成的。郑燮没有迟疑，他一面向朝廷上奏自己私自开仓的原因，一面在潍县采取多个措施救济灾民，稳定灾情。他先是惩处了一批趁着灾荒抬高粮价、发不义之财的商人，严令他们必须以平价卖粮。又以修筑城墙、抵御海潮的名义，将县城内的灾民都集合起来，这些难民因为灾荒而逃离家园，到处流浪，郑燮让他们到工

艺术巨匠

地去做工,一方面以工代赈,另一方面也使这些人不至于危害到城内的治安。接着,他开始着手整顿灾害来临时欺压百姓的土豪劣绅,将这些人按律问罪。

这几番举措成功实施以后,人心稳定下来了,潍县终于摆脱了人心惶惶的日子,开始恢复生机。

郑燮力挽狂澜,救了难以计数的百姓的性命,大家都称赞他是个爱民护民的好官。然而他的强硬手段也得罪了不少想趁着救灾,大捞一笔不义之财的贪官污吏和富豪乡绅。在朝廷派人来调查郑燮私开粮仓、发放粮食的事时,便有人将他的作为添油加醋,报告到朝廷上去,想陷害他被朝廷治罪。郑燮得知了这些肮脏的手段,心中又是悲哀又是愤怒。他知道,自己这次怕是不会有什么好结果了。于是,他干脆向朝廷递交了辞官的报告,准备就此离开官场,回乡隐居。

果然如郑燮所料,他的辞官报告还没有回音,朝廷关于他开仓放粮的调查结果就出来了:朝廷以擅自开仓、贪污钱粮的罪名将他罢了官。郑燮得知这个意料之中的结果,苦笑着摇了摇头,提笔写下四个大字:"难得糊涂。"这四个字包含了他太多的诘问与不甘,但终究也只能这样自我开解了。

郑燮离任那天,像自己赴任时一样,单人轻骑上路。

没有想到的是，十里八乡的百姓知道这位救民于水火的好官要走了，都自发地前来为他送行。百姓们手捧着送行酒和香烛，一路把郑燮送到了县城外十里。

郑燮被百姓们的举动感动了，他想，自己虽然在官场上备受倾轧，但是赢得了百姓的大力支持，也是实现了曾经的理想呀！他拿出自己画的一幅墨竹，在上面题写了一首诗，转赠给了一位来送行的老人。这首诗是这样写的：

乌纱掷去不为官，囊橐萧萧两袖寒。

写取一枝清瘦竹，秋风江上作渔竿。

这首诗表达了郑燮清廉自持的风骨，也道尽了他从此远离官场的心愿。

郑燮从此过起了靠卖画为生的日子。他定居在扬州，与有着同样理想的汪士慎、黄慎、金农、高翔、李鱓、李方膺、罗聘等几位知名的书画家结识，经常往来，答诗填词，写文作画。他们八人被合称为"扬州八怪"。

郑燮一生正直清廉，虽然饱受坎坷磨难，但始终秉持着赤子之心。后世在欣赏他的书画作品之外，更赞赏他的品行，因此留下了许多关于他的美好传说。

艺术巨匠

打墙洞，引清风

郑燮刚被派到范县做知县时，曾经发生过一件很值得称道的事情。他赴任时并不像其他的官员一样，前呼后拥，车马成行，而是只带了一名小书童，骑着一匹毛驴就上路了。

县衙的衙役们以前从未见过这位新任"大老爷"，所以就按照惯例，安排了非常铺张的迎接仪式。谁知，衙役们在县衙门前左等右等，结果连车马的影子都没等到，反倒是等来了出人意料的两人一骑。

衙役们不由大吃一惊，心想这位县令老爷的简朴做派还真是与众不同。郑燮一眼看过去就明白了众人心中的想法，他对官场贪腐奢靡的作风也很了解，于是，他想立即整顿县衙这股不良风气。

几天后，郑燮从集市上找来几个泥瓦匠，宣称要让他们把县衙修缮一下。他带着泥瓦匠们走到县衙的墙边，指着墙壁说："烦劳几位，在这面墙上打一个洞吧。"

泥瓦匠们连带着县衙众人都一头雾水，好好的一面墙，为什么要打一个洞呢？大家满腹疑惑，一名泥瓦匠壮着胆子将这个疑问说出了口。

郑燮捋着胡子，微笑着说："这县衙里到处都是腐臭

了不起的中国历史人物

之气，不开个洞，让外面的清风进来，岂不是要被臭气熏死了？"

众人听了他这话，还是丈二和尚摸不着头脑。一个衙役试探着问道："这县衙建在这里很多年了，以前的几位县老爷从未提出过有味道的事，不知您说的味道是从何而来的呢？"

郑燮听了，略带不屑地说道："他们不说，是因为他们本就喜爱这样的污浊之气，而我天生就受不了腐臭，闻一闻都觉得脏了我的鼻子！"

衙役们这下终于听明白了，原来郑燮说的腐臭之气不是指真的味道，而是在县衙之中盛行的污垢之风。这位老爷廉洁清正，与那些贪婪无度的官员是一丁点都不一样的。

郑燮用打墙洞这件事，将清廉自守的为官之道告诉了县衙的所有人。他做官，始终以造福百姓为己任，赢得了人们的交口称赞。

知识链接

扬州八怪

扬州八怪指的是清康熙中期至乾隆末年活跃于扬州地区的一批风格相近的书画家，包括金农、郑燮、黄慎、李鱓、李方膺、汪士慎、罗聘、高翔八人。他们大多出身贫寒，生活清苦，以卖画为生，但清高狂放，常通过书画抒发内心志向、表达真情实感，风格异于常人，不落俗套，因此称作"八怪"。

"八怪"虽以卖画为生，但不同于一般的画工，他们在书画艺术上有着极高的追求，具有强烈的革新精神，将诗文、书法融入绘画中，达到了立意新、构图新、技法新的境界。他们还喜欢画梅、竹、石、兰，以梅的高傲、竹的清高、石的坚冷、兰的幽香来表达自己的志趣。

"八怪"对当时盛行于官场的趋炎附势、贪污受贿等风气深恶痛绝，于是经常在作品中反映民间疾苦、发泄内心的愤怒、表达对美好理想的追求和向往。比如罗聘，他爱画鬼，他笔下的鬼形形色色，"遇富贵者，则循墙蛇行；遇贫贱者，则拊膺蹶足，揶揄百端"，看似是鬼，实则与那些趋炎附势、欺压贫民的贪官污吏别无二致。

"八怪"的作品用笔奔放，挥洒自如，不受成法和古法的束缚，打破了当时绘画界尚古、拟古的局面，给中国绘画带来了新的生机。赵之谦、吴昌硕、齐白石、徐悲鸿等一众艺术大师都不同程度地受到了"八怪"的影响。

/作品欣赏

　　《竹石图》是清代画家郑燮创作的一幅纸本墨笔画,纵217.4厘米,横102厘米,现藏于上海博物馆。

　　这幅画以白描为主,描绘了庭院中坚硬挺削的瘦石,以及瘦石旁边的三枝劲拔挺秀的新篁。画的左上方题诗一首:"乌纱掷去不为官,囊橐萧萧两袖寒。写取一枝清瘦竹,秋风江上作渔竿。"整幅画画面简洁,竹劲石坚,表现出一种不为俗屈的活力,道出了郑燮挺立孤直、倔强不驯的精神追求。

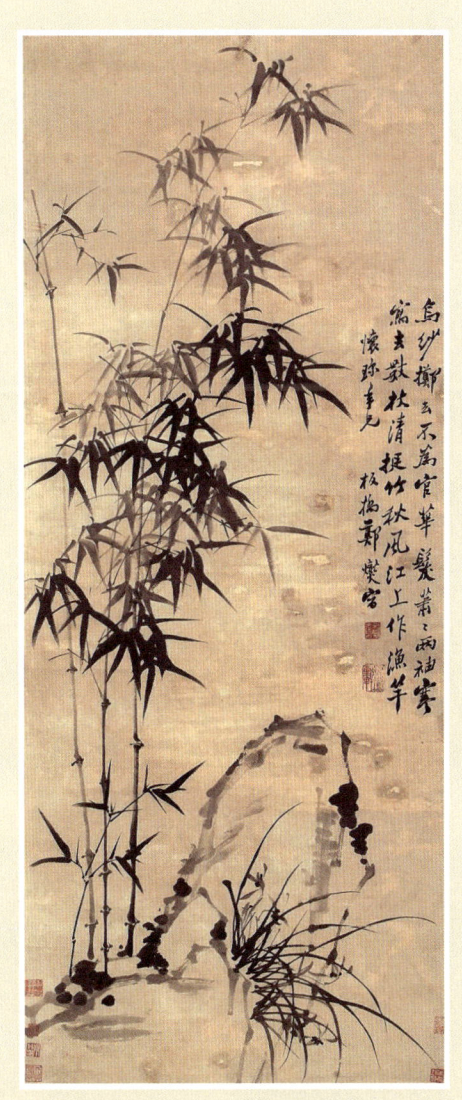

《竹石图》　清·郑燮